主编简介

林　娜　教授　现任桂林旅游学院党委书记

林业江　高级经济师　现任桂林旅游学院党委副书记

高校校园文化建设成果文库

传承红色文化　培育旅游英才

林　娜　林业江◎主编

光明日报出版社

图书在版编目（CIP）数据

传承红色文化，培育旅游英才 / 林娜，林业江主编
. -- 北京：光明日报出版社，2020.6（2022.4 重印）
ISBN 978 - 7 - 5194 - 5788 - 4

Ⅰ.①传… Ⅱ.①林… ②林… Ⅲ.①大学生—思想政治教育—研究—广西②革命纪念地—旅游业发展—研究—广西 Ⅳ.①G641②F592.767

中国版本图书馆 CIP 数据核字（2020）第 096483 号

传承红色文化，培育旅游英才

CHUANCHENG HONGSE WENHUA，PEIYU LÜYOU YINGCAI

主　　编：林　娜　林业江

责任编辑：曹美娜　朱　然　　　　责任校对：刘浩平
封面设计：中联学林　　　　　　　责任印制：曹　诤

出版发行：光明日报出版社
地　　址：北京市西城区永安路 106 号，100050
电　　话：010-63139890（咨询），010-63131930（邮购）
传　　真：010 - 63131930
网　　址：http：//book. gmw. cn
E - mail：gmrbcbs@ gmw. cn
法律顾问：北京市兰台律师事务所龚柳方律师

印　　刷：三河市华东印刷有限公司
装　　订：三河市华东印刷有限公司
本书如有破损、缺页、装订错误，请与本社联系调换，电话：010-63131930

开　　本：170mm×240mm
字　　数：146 千字　　　　　　　印　　张：12
版　　次：2020 年 6 月第 1 版　　印　　次：2022 年 4 月第 2 次印刷
书　　号：ISBN 978 - 7 - 5194 - 5788 - 4

定　　价：78.00 元

本书编委会

主　　编： 林　娜　林业江

副 主 编： 刘　旸

编委会成员： 钟　泓　李永强　周红艳　麻名佳

李　强　张洁夫　葛　剑　张　杨

李　祺　狄松菊　阳柳青　陆经钊

唐　成　周其厚　王亚娟　李　芬

陆艳萍　黄丽春

序

红色文化是在革命战争年代，由中国共产党人、社会先进分子和人民群众共同创造的极具中国特色的先进文化，蕴含着丰富的革命精神和厚重的历史文化内涵。红色文化是中华民族的特色文化，更是中国人民宝贵的精神财富，也是中国文化的重要组成部分。传承红色文化，是新时代建设社会主义文化的需要。

在党的十九大报告中，习近平总书记指出，“文化自信是一个国家、一个民族发展中更基本、更深沉、更持久的力量。必须坚持马克思主义，牢固树立共产主义远大理想和中国特色社会主义共同理想，培育和践行社会主义核心价值观，继承革命文化，发展社会主义先进文化，不忘本来、吸收外来、面向未来，更好构筑中国精神、中国价值、中国力量，为人民提供精神指引。”

青年大学生是社会主义事业的建设者和接班人，青年大学生的价值观与人生观直接关系着国家的命运与未来。在高校加强红色文化教育，促进红色文化传承，对于提升广大青年的政治素质和道德素质，引领校园文化健康发展，确保社会主义核心价值体系建设的正确方向，具有重大的现实价值和历史意义。

桂林旅游学院结合自身的办学特色和专业优势，依托广西大学生思想政治教育推进工程项目“传承红色文化　培育旅游英才”，以传承和弘扬广西民族红色文化为重点，以培育高素质旅游行业人才为目标，通过“五个一工程”：举行一个系列广西红色文化展、培养一支红色文化传播导游队、开设一个红色记忆讲坛、形成一个红色经典传颂主题活动品牌、创建一个红色文化新媒体传播中心、开展了内容丰富的红色旅游文化项目建设。这对于全面贯彻党的教育方针，提升教育教学质量，积极培育和践行社会主义核心价值观，起到了重要推动作用。

本书以马克思列宁主义、毛泽东思想、邓小平理论、“三个代表”重要思想、科学发展观和习近平新时代中国特色社会主义思想为指导，深入贯彻全国高校思想政治工作会议精神，以社会主义先进文化为引领，以传承中华优秀传统文化和弘扬广西红色文化为重点，以激发爱国热情、提升学生人文素质为目标，通过拓展校园文化建设新途径，强化学校意识形态阵地建设，极大地提升了学生群体的整体文化追求，从而实现了提高大学生综合素质和培育高素质旅游行业人才的目的。

本书编委会

目　录
CONTENTS

第一篇 01

爱国主义教育基地

“抗日战争时期的广西”主题展览

一、工作目标与思路

为纪念世界反法西斯战争胜利和中国人民抗日战争胜利70周年，对民众特别是青少年进行系统、生动的广西抗战史的教育，普及他们以史为鉴、珍爱和平的理念，激发其缅怀先烈、继承民族优良传统的情感，坚定他们凝心聚力，为实现民族复兴大业而建功立业的抱负，学校努力打造关于广西抗战史料的“三大件”，即编辑出版《广西抗日战争史料集》、制作并展出《广西抗日战争史料展览》、建造“广西抗日战争史料陈列馆”。

广西抗战史料“三大件”的宗旨就是将零散的史料集中整理成比较系统的全方位的表现广西抗日战争历史的记录册和宣传品。它以“书”的形式出现，可以让读者收到一书在手、一目了然，随身携带、随时翻阅，反复研究、长期保存的效果。它以“展览”的形式特别是巡回到各地的校园里展出，可以收到时间及时、地点广泛、观众量大、校方组织参观方便并易于结合观看展览开展相应的教育活动的功效。“书”是展览的脚本、也是随时随地可以看到的袖珍型展览；而组织观看“展览”，则是集体的有声势的读书活动和纪念活动。

它以陈列馆的形式出现，可以使之形成大学校园里的“红色课堂”。对于旅游院校而言，它不但有政治和史学方面的育人功效，而且还有让学生们——这些即将从业于旅游业的工作者了解广西人文历史，以及让导游专业的学生通过当讲解员训练讲解技能的功效。

二、实施方法与过程

为纪念中国人民抗日战争暨世界反法西斯战争胜利 70 周年，激励全校师生为实现中华民族的伟大复兴贡献力量，2015 年 9 月 1 日上午，我校在旅正楼一楼（原综合书库）举行“抗日战争时期的广西”主题展览开幕式。学校领导及相关职能部门负责人、各院系领导、师生代表参加本次开幕式。

学校党委书记林娜在开幕致辞中指出，学校举办本次展览是为了更好地引导、教育广大师生知晓历史、缅怀先烈、珍爱和平。全体师生应珍视今天来之不易的发展大环境，明确自身责任，全力以赴做好本职工作，为中华民族的伟大复兴贡献力量，这也是对革命先烈最好的报答。同时祝愿伟大祖国繁荣昌盛，早日实现中华民族的伟大复兴。林书记对活动发起人周述忠教授的精心筹备、认真布展表示衷心感谢，并对他的爱国精神和爱国情怀表示钦佩。

图 1－1　校党委书记林娜致开幕辞

本次展品均由学校教学督导员周述忠教授提供。周述忠教授简要介绍了本次展览筹备的初衷、准备情况、展览内容。他希望通过展览能让观众在深度和广度上对历史有更深层次的了解，发扬抗战精神，做好自身工作，万众一心把祖国建设得更好。

图1－2 我校师生参观主题展览

图1－3 开幕式现场

此次专题展览由图片展与实物展两部分组成。其中，图片展包括“广西血性军人忠勇以身报国”“八桂父老乡亲齐心抗日救国”等15个篇章组成。现场还展出了抗日游击队短刀、手雷、铜墨盒，及日军防毒面具、日军迫击炮炮弹等40余件抗战实物。

此次专题展览是学校纪念中国人民抗日战争暨世界反法西斯战争胜利70周年系列活动之一，展览时长一个月，全校师生分批次参观学习。活动的开展，使师生们受到了一次深刻的革命传统教育洗礼。教师们纷纷表示，在今后的工作中，要继承和弘扬革命先烈的崇高精神品格，立足本职，努力工作，为学校发展做出应有贡献。同学们则表示，在今后的学习生活中谨记革命先辈的教诲，努力学习，不断完善自我，使自己成长为中华民族伟大复兴而努力奋斗的一代新人。

三、工作经验与成效

自 2014 年初，桂林旅游学院围绕培育和践行社会主义核心价值观的主线，结合纪念世界反法西斯战争胜利 70 周年主题，立足学校旅游教育特色和校园文化建设实践，以立德树人和传承文化为目标，围绕建立一个红色文化教育基地、开展“红色文化”大讲坛系列讲座、推行系列爱国主义教育活动的工作思路，全面传承推广广西抗战历史文化，努力打造全区的爱国主义教育示范基地。

广西壮族自治区教育厅

GVANGJSIH BOUXCUENGH SWCIGIH GYAUYUZDINGH

桂林旅游学院举办“抗日战争时期的广西”主题展览

为纪念中国人民抗日战争暨世界反法西斯战争胜利70周年，9月1日，桂林旅游学院举办“抗日战争时期的广西”主题展览开展仪式，引导和教育广大师生铭记历史、缅怀先烈、珍爱和平。

本次展品均由桂林旅游学院教学督导员周述忠教授提供，专题展览由图片展与实物展两部分组成。其中，图片展包括“广西血性军人 忠勇以身报国”“八桂父老乡亲 齐心抗日救国”“在桂国际友人 抗战志同道合”“开展游击战争全民保家卫国”等15个篇章组成。现场还展出了抗日游击队短刀、手雷、铜墨盒、日军防毒面具、日军迫击炮炮弹等40余件抗战实物。

此次活动的开展，使师生们受到了一次深刻的革命传统教育洗礼。教师们纷纷表示，在今后的工作中，要继承和弘扬革命先烈的崇高精神品格，立足本职，努力工作，为学校发展做出应有贡献。同学们则表示，在今后的学习生活中谨记革命先辈的教诲，努力学习，不断完善自我，使自己成长为中华民族伟大复兴而努力奋斗的一代新人。

据悉，该活动是桂林旅游学院新生入学教育系列活动之一，该校将结合纪念中国人民抗日战争暨世界反法西斯战争胜利70周年主题活动，抓住2015年秋季学期开学的新生教育、入学教育的契机，对学生深入进行一次爱国主义和革命传统教育，将爱国主义精神有效融入到开学典礼、升国旗仪式、“开学第一课”、新生军训、新生党员教育、校规校纪教育、校史教育等各项活动中。

图 1－4　广西教育厅网站相关报道

广西高校思政教育在线

JCYK.MYCLUB2.COM

【纪念抗战胜利70周年专题】桂林旅院学院举办“抗日战争时期的广西”主题展览

时间：2015-09-06 浏览次数：127 作者：来源：桂林旅游学院宣传部

为纪念中国人民抗日战争暨世界反法西斯战争胜利70周年，激励全校师生为实现中华民族的伟大复兴贡献力量。9月1日上午，桂林旅院学院在就正楼一楼（原综合书库）举行“抗日战争时期的广西”主题展览开幕式。校党委书记林鄞、党委副书记蒋伟、副校长陈贵超、总会计师李建林及相关职能部门负责人、各院系领导、师生代表参加本次开幕式。开幕式由蒋伟副书记主持。

林鄞书记致开幕辞。林书记指出，学校举办本次展览是为了更好的引导、教育广大师生知晓历史，缅怀先烈，珍爱和平。全体师生应珍视今天来之不易的发展大环境，明确自身责任，全力以赴做好本职工作，为中华民族的伟大复兴贡献力量，这也是对革命先烈最好的报答。同时祝愿伟大祖国繁荣昌盛，早日实行实现中华民族伟大复兴之路。林书记还对周述忠教授精心筹备，认真布展表示衷心感谢，并对他的爱国精神和爱国情怀表示钦佩。

本次展品均由学校教学督导员周述忠教授提供，周述忠教授简要介绍了本次展览筹备的初衷、准备情况、展览内容。他希望通过展览能让观众在深度和广度上对历史有更深层次的了解，发扬抗战精神，做好自身工作，万众一心把祖国建设得更好。

此次专题展览由图片展与实物展两部分组成。其中，图片展包括“广西血性军人 忠勇以身报国”“八桂父老乡亲 齐心抗日救国”等15个篇章组成。现场还展出了抗日游击队短刀、手雷、铜墨盒，日军防毒面具、日军迫击炮炮弹等40余件抗战实物。

据悉，专题展览是纪念中国人民抗日战争暨世界反法西斯战争胜利70周年系列活动之一，该展览持续一个月，全校师生将分批次参观学习。该活动的开展，使师生们受到了一次深刻的革命传统教育洗礼。教师们纷纷表示，在今后的工作中，要继承和弘扬革命先烈的崇高精神品格，立足本职，努力工作，为学校发展做出应有贡献。同学们则表示，在今后的学习生活中谨记革命先辈的教诲，努力学习，不断完善自我，使自己成长为中华民族伟大复兴而努力奋斗的一代新人。

图 1－5　广西思政教育在线相关报道

我校举行的“抗日战争时期的广西”主题展览真实再现了八桂大地父老乡亲齐心抗战救国的英勇历史过程。自开展以来，接待校内外各界人士参展达到 5000 多人次。该活动的开展，使师生们受到了一次深刻的革命传统教育洗礼。展览也受到了各级媒体的广泛关注，中国旅游报、广西教育厅网站、广西思政教育在线、桂林电视台都对本次活动进行跟踪报道。

八桂红旗谱——广西红色旅游景点展览

一、工作目标与思路

学校的中心工作是人才培养。习近平总书记在2016年全国高校思想政治工作会议上强调：高校要把立德树人作为根本任务，要把思想政治工作贯穿教育教学全过程，实现全程育人、全方位育人。红色文化蕴含着丰富的革命精神和厚重的历史文化内涵，深情回顾党的奋斗历史，继承和发扬党的光荣传统，深入发掘红色文化的传承价值功能，对于培育民族精神、培养高素质旅游人才具有重要的社会意义和价值引领功能。

广西是一片红色的热土，在中国革命斗争史上占有重要的历史地位，无数的革命先烈在这里英勇奋斗，将热血挥洒在这片美丽的土地，邓小平同志在广西领导的“百色起义”彪炳史册。桂林不仅山青水秀更是一座红色文化和抗战文化城，根据广西壮族自治区红色旅游发展“十三五”规划，全区力争在“十三五”期末，在现有基础上实现广西红色旅游呈“7大基地，6大旅游区，8条路线，11个全国经典景区，33个区级重点景区”的良好发展态势。今后，游客来广西不仅可以沿着“邓小平足迹之旅”感受革命精神，还可以“重走红军路”。根据规划，广西将建设“中越边关红色之旅”“北部湾改革开放合作之旅”“桂东辛亥革命”“桂东太平天国运动”“南柳社会主义建设与改革开放之旅”“红水河民族团结”等红色旅游精品线路。到“十三五”期末，广西将建设成为全国红色旅游目的地、全国红色旅游国际合作先行区。

结合学校的办学资源和办学特色，2016 年 7 月起，桂林旅游学院党委宣传部和团委成立广西红色旅游资源调研工作队，对广西的部分红色旅游景点进行了实地调查研究。在实践基础上，根据《广西壮族自治区旅游业“十三五”发展规划（2016～2017）进一步促进红色旅游健康持续发展的意见》等相关政策和文献，精心打造“八桂红旗谱——广西红色旅游景点展览”。通过巡展活动打造校园爱国主义教育基地，进一步宣传弘扬广西红色旅游和红色革命传统精神，为广大师生自觉传承先进文化，学习践行社会主义核心价值观凝聚力量。

二、巡展景点介绍

（一）百色红色旅游基地

百色地区是中国革命的摇篮之一，是中国工农红军第七军的发祥地。1929 年 12 月，邓小平、张云逸等共产党人率领民众发动百色起义，建立左右江革命根据地，在这片红土地上树立了一面武装斗争的光辉旗帜，为中国人民的革命事业建立了丰功伟绩。百色起义中留下的大量革命文物遗址，使得百色的红色旅游资源得天独厚，百色市拥有百色起义纪念园、百色市中国工农红军第七军军部旧址、百色市乐业县中国工农红军第七军、第八军会师旧址等红色资源，极具教育意义和旅游开发价值。

景点一：百色市百色起义纪念馆

1929 年 12 月 11 日，邓小平、张云逸、陈豪人、李明瑞、韦拔群、雷经天等领导了百色武装起义。百色起义有力地打击了国民党桂系军阀的嚣张气焰，在中国革命史上留下了光辉的一页。

图 1－6　百色起义纪念馆

图 1－7　纪念馆内“百色起义”汉白玉大型浮雕

百色起义纪念馆，位于广西壮族自治区百色市东北郊迎龙山，由张云逸大将提议，经广西壮族自治区党委批准，建立于 1961 年，原名“右江革命文物馆”。1996 年 11 月 1 日，正式更名为“百色起义纪念馆”。馆内藏有百色起义和左右江革命根据地的大量史料和革命文物，它是全国爱国主义教育基地、全国一百个“红色旅游经典景区”之一。

景点二：百色市百色起义纪念公园

百色起义纪念公园位于百色城东面的后龙山、盘龙山、迎龙山上，是在整合百

色起义纪念馆、右江民族博物馆、百色起义纪念碑、红军桥、铜鼓楼、南阁亭、两广青年友谊园等革命历史文化资源的基础上形成的主题性公园，兴建于2008年7月，是中央确定的全国12个红色旅游重点景区之一，是“两江红旗，百色风雷”景区的核心区。2017年12月，入选教育部第一批全国中小学生研学实践教育基地、营地名单。

图1－8 百色起义纪念公园全景

景点三：百色市中国工农红军第七军军部旧址

中国工农红军第七军军部旧址，坐落于广西百色市解放街39号粤东会馆内。1929年12月11日，邓小平同志发动和领导百色起义时，得到粤商的支持，粤东会馆成为红七军党的领导机关和部队指挥部所在地。后邓小平同志亲自题写址名“中国工农红军第七军军部旧址”，被中共中央宣传部确定为第一批“全国爱国主义教育示范基地”。

图 1－9 粤东会馆

景点四：百色市乐业县中国工农红军第七军、第八军会师旧址

1930 年 10 月 17 日，红七军按照党中央的部署，北上中央苏区路经乐业，并沿途寻找红八军，在乐业县城住了七天，军部和总指挥部设在三乐街覃家。1988 年乐业县人民政府拨款在此维修设立中国工农红军红七军、红八军会师纪念馆。2010 年该馆被列为广西壮族自治区爱国主义教育基地，2017 年被列入《全国红色旅游经典景区名录》。

（二）东兰红色旅游基地

东兰是一块红色的土地，是右江革命的核心区，是我党早期的农民运动领袖、百色起义领导人，为中华人民共和国成立做出突出贡献的英模韦拔群的故乡，是邓小平、张云逸曾经挥师浴血的战场。东兰县拥有东兰烈士陵园、东兰县列宁岩生态旅游景区、东兰县韦拔群故居及纪念馆等大量革命历史遗址，红色旅游发展前景广阔。

纪念地：东兰县东兰烈士陵园

东兰烈士陵园坐落在广西东兰县县城曲江路九曲河畔。在这片经历过战火洗礼的红土地上，长眠着大革命时期以来壮烈牺牲的2258名东兰籍革命烈士和无名英烈。东兰烈士陵园原名“东兰革命烈士公园”，建于1956年，主要建筑物有：大门亭廊、仿古排门、战斗群雕、东兰烈士纪念馆、著名烈士石雕像、革命烈士纪念塔、韦拔群烈士陵墓、解放军四野烈士纪念碑、纪念亭、纪念活动广场等。1986年10月，经国务院批准，该园被列为全国重点烈士纪念建筑保护单位，园名更改为“东兰烈士陵园”。1995年被定为广西壮族自治区爱国主义教育基地，2017年被列入《全国红色旅游经典景区名录》。

图1－10　东兰烈士纪念馆

景点二：东兰县“列宁岩”生态旅游景区

广西农民运动讲习所即“列宁岩”，1922 年 3 月，韦拔群在此组织革命同盟，发表《敬告同胞书》。1925 年 9 月，韦拔群、陈伯民等在洞内开办东兰第一届农民运动讲习所。1930 年 2 月，红七军军长张云逸来到武篆，认为韦拔群在北帝岩宣传了马列主义，提议改名为“列宁岩”。

列宁岩，1962 年 6 月 26 日被定为自治区重点文物保护单位，为“广西东兰第一届农民运动讲习所旧址”。1978 年，时任中共中央副主席叶剑英题写了“广西农民运动讲习所旧址”，放大后刻在岩洞口。2017 年被列入《全国红色旅游经典景区名录》。

图 1－11　列宁岩

景点三：东兰县韦拔群故居及纪念馆

韦拔群是中国新民主主义革命时期三大农民运动领袖之一，广西农民运动的先驱，百色起义领导者之一，中国工农红军高级将领，中国工农红军第七军和广西右江革命根据地领导者之一，是为中华人民共和国成立做出突出贡献的英雄模范人物。

韦拔群故居，位于广西壮族自治区河池市东兰县武篆镇东里村东里屯，属人文风景旅游区。韦拔群故居分前后两幢泥砖瓦房，总面积250平方米。2017年1月，韦拔群故居被列入《全国红色旅游经典景区名录》。

为告慰将生命献给党和人民解放事业的韦拔群烈士，2009年，在韦拔群诞辰115周年之际，东兰县委、县人民政府建成韦拔群纪念馆、将军园、铭记园、拔群广场等项目。

纪念馆以韦拔群人生轨迹为经，以韦

拔群开展革命活动为纬，陈列展出资料、图片、实物700多件，全方位展示了韦拔群的一生，是进行爱国主义、革命传统教育和廉政教育的理想场所。当地政府每年在此举行纪念活动，以弘扬老区的红色事迹和英雄精神。2011年6月，韦拔群纪念馆被列入广西第一批中共党史教育基地。2017年被列入《全国红色旅游经典景区目录》。

景点四：东兰县苏维埃政府旧址

1929年11月，韦拔群等领导人民闹革命取得胜利，在此召开东兰县第一次工农兵代表大会，建立"苏维埃政府"，属广西最早成立的苏维埃政府之一。1930年4月，邓小平第一次走进东兰，曾在操场上对全体苏维埃政府工作人员及1000多名群众进行革命演讲。东兰县苏维埃政府旧址始建于清光绪三十一年（1905年），位于广西河池市东兰县城公安局院内，属人文风景旅游区。

（三）凭祥—龙州红色旅游基地

凭祥、龙州是祖国边关重镇，发展红色旅游得天独厚。凭祥境内红色旅游资源丰富，有中国九大名关之一——友谊关，有中法战争古战场遗址——平岗岭地下长城、金鸡山古炮台、大连城等神秘的边关历史名胜；有孙中山先生唯一亲自拉响反清第一炮的镇南关起义古炮台等历史人文景观。龙州县内红色旅游景点众多，有红八军军部旧址、龙州起义纪念馆等，近年来龙州以红色旅游为龙头，突出红色、边关、历史文化特色和民族文化旅游，旅游业发展蓬勃。

景点一：崇左市凭祥友谊关（镇南关大捷旧址）

友谊关始建于汉朝，初名雍鸣关，后改名为鸡陵关、界首关、大南关，到了明代又改为镇南关。1883 年，中法战争爆发，面对法军的猖狂进攻，广西名将刘永福、冯子材率领中国军队在广大民众的帮助下，打得法国军队人仰马翻，狼狈逃窜，取得了"镇南关大捷"。

中华人民共和国成立后，1953 年经周恩来总理批准，镇南关改名睦南关。1965 年为了表示中越两国人民"同志加兄弟"的深厚友情，经国务院批准改名为友谊关。友谊关景区位于凭祥市，现为我国一类边贸口岸。友谊关景区占地 46. 50 公顷，由友谊关关楼、左弼山古炮台、右辅山古炮群、左右辅山古城墙及登山古道、大清国万人坟、广西全边对讯署（法式楼）等主要景点组成。

友谊关（镇南关大捷旧址）1995 年被确定为广西壮族自治区爱国主义教育基地，1996 年被列入第四批全国重点文物保护单位名单，2010 年荣获"国家 AAAA 级旅游景区"称号，2017 年被列入《全国红色旅游经典景区名录》。

景点二：崇左市龙州县龙州起义纪念馆

龙州起义，又称龙州暴动，是在南宁兵变和百色起义之后，1930 年中国共产党广西前委发动和领导的另外一次武装起义。1962 年，龙州人民兴

建龙州起义暨革命烈士纪念碑时，邓小平同志，在百忙中为纪念碑亲笔题词：“革命的胜利果实，是烈士们的鲜血凝成的。红八军和人民革命先烈们的丰功伟绩，永远活在我们的记忆里……”字里行间饱含着对红八军英烈、对龙州和左江革命老区各族人民的殷切怀念之情。

龙州起义纪念馆以“赤色龙州”为陈列主题，陈列共分 21 个部分，以反映邓小平、李明瑞、俞作豫、何世昌、宛旦平等老一辈革命家组织、领导龙州起义，创建中国工农红军第八军，建立左江革命根据地的史实为内容，展示了龙州起义前的历史背景，龙州起义的爆发，创建中国红军第八军，建立左江革命根据地，以及驱逐法国驻龙州领事等各个历史事件，真实地反映了龙州起义和红八军的光辉战斗历程。

（四）桂林红色旅游基地

桂林地处广西北部，是红军长征“湘江战役”等重大事件的发生地，在抗日战争中一度成为“抗战文化城”，拥有桂林市八路军桂林办事处旧址、桂林市兴安县红军长征突破湘江烈士

纪念碑园等丰富的红色资源。在国家大力发展红色旅游的背景下，桂林积极发挥山水文化城、历史文化名城的优势，发展桂林红色旅游，打造红色旅游品牌，进一步推动桂林的旅游发展。

景点一：桂林市八路军桂林办事处旧址

八路军桂林办事处，全称“国民革命军第十八集团军桂林办事处”，于1938年11月中旬成立，中共中央派李克农到桂林建立八路军桂林办事处，是八路军设在南方一带的公开办事机构和中共中央南方局秘密派出机关。办事处在中共中央南方局的直接领导下，遵照党的抗日民族统一战线方针和政策，为宣传党的抗日主张，领导桂林抗日文化救亡运动，团结抗日爱国人士支援抗战，做出重要贡献。周恩来、叶剑英及越南领袖胡志明都曾在此从事革命活动。

1944年办事处旧址毁于战火，1967年按原样修复，1977年建立“八路军桂林办事处纪念馆”并对外开放。纪念馆由“八办”旧址和“抗日烽火映桂林”陈列展两部分构成，收藏1000余件革命文物和大量史料，馆名由叶剑英题写。1963年被列为广西壮族自治区重点文物保护单位，1966年被列为全国重点文物保护单位，2017年被列入《全国红色旅游经典景区名录》。

景点二：桂林市兴安县红军长征突破湘江烈士纪念碑园

1934 年 10 月，中央红军 80000 多人撤离中央苏区，连续突破敌人三道封锁线后，于 11 月下旬进抵湘桂边境。这时，蒋介石调集 30 万大军在湘江以东地区（兴安县、全州县、灌阳县一带）布下了号称“铁三角”的第四道封锁线，试图将中央红军全歼在此。面对生死存亡的危境，红军将士浴血奋战七昼夜，以折损过半的惨重代价分别由兴安县的界首、全州县的大坪、凤凰咀等主要渡江点突破湘江。之后，中央红军一、二纵队在其他军团的继续掩护下，进入兴安县华江乡和金石乡，艰难翻越红军长征以来的第一高峰——老山界，尔后向云贵川挺进。可以说，没有红军突破湘江的成功，就不会有红军二万五千里长征中四渡赤水、巧渡金沙江、飞夺泸定桥，以及爬雪山、过草地这些气吞山河、可歌可泣的革命历程，乃至共和国的建立。

1984 年，著名作家魏巍重走红军长征路时，来到界首光华铺红军烈士墓前，心潮澎湃，禁不住老泪横流……回到北京后，老作家与聂荣臻元帅共同向国务院建议修建红军长征突破湘江烈士纪念碑园，以抚慰烈士英魂和教育革命后代。

红军长征突破湘江烈士纪念碑园，坐落于兴安县城西南 1 公里的狮子山，占地面积 8 万平方米，由大型群雕、主碑、纪念馆组成。纪念塔形似三支步枪，深刻寓意“枪杆子里面出政权”的伟大真理，走进气势雄伟的烈士碑园，极高艺

术感染力的大型雕塑，再现了湘江战役中那场血与火、生与死、存与亡的一幅幅历史画面。头像间有“红军、送别、长征、渡江、永生”五组浮雕，生动地再现了突破湘江战役中惊天地、泣鬼神的悲惨情景。小型园林与大型雕塑合理配置，集瞻仰性与游览性于一体，其中群雕在规模上为全国烈士雕塑之最，具有撼人心魄的强大感染力。

红军长征突破湘江烈士纪念碑园，1997 年，被列入首批百家“全国爱国主义教育示范基地”，2017 年被列入《全国红色旅游经典景区名录》。

图 1－13　湘江战役纪念馆

图 1－14　湘江战役新圩阻击战英雄群雕

图 1 - 15　湘江战役光华铺阻击战旧址

图 1 - 16　湘江战役旧址“觉山阻击战”

景点三：中共桂林城工委旧址革命文物陈列馆

中共桂林城工委旧址革命文物陈列馆位于桂林市七星区穿山乡穿山村公所江东，是革命传统教育基地。1947 年 10 月至 1949 年 10 月，中共桂林市工作委员会机关设在此，陈光任工委书记，组织开展桂林工人运动和学生运动，领导桂林人民和革命武装与国民党进行斗争。1949 年 10 月 5 日，陈光因叛徒出卖被捕。馆内陈列有陈光烈士当时被害时穿的衣服，戴的手铐。馆内展出的照片和历史文物，客观真实地记录了桂林市地下党员

为桂林的革命胜利建立的卓越功勋。

纪念地：桂林市陈光烈士墓

陈光烈士原名镒昌，又更名陈扬，广东梅县人。1939 年加入中国共产党，1943 年被派往广西柳州领导抗日工作，1947 年调任桂东区特派员，负责开展八步、贺县、平乐、怀集一带的地下工作。同年 10 月调任桂林市工委书记，负责开辟桂林地下党的工作，建立中国共产党桂林工作委员会，并领导桂北游击队。1949 年 10 月 5 日，因叛徒出卖被捕，11 月 15 日被杀害于桂林北站铁路附近。

陈光烈士墓位于桂林市七星公园栖霞寺西侧。墓分两部分：纪念塔和衣冠墓。墓为椭圆形，直径 4 米，高 1.5 米，混凝土结构，红色质地，在翠树绿叶映衬下，格外耀眼。墓前是纪念塔，高 9 米，砖石砌筑，外披水泥，底为五角座，塔身为四方椎柱形。顶饰五角星，其正面刻有“陈光烈士纪念塔”7个金光闪闪的大字，塔基正面嵌有陈光烈士事迹石刻，其余三面刻有题词。

景点五：桂林市李宗仁官邸

李宗仁官邸是桂林市内现存最完好的名人旧居之一，位于风景秀丽的杉湖南畔，与双塔相傍，被后人称为桂林“总统府”。游览李宗仁官邸，可以感受李宗仁“青春戎马，晚节黄花”的传奇人生。

纪念地：桂林市七星岩三将军及八百壮士墓

抗战时期，桂林众多天然岩洞成为桂林人开展文化教育和抗日宣传的特殊阵地。空袭时，百姓们分在各个岩洞内，识字、学算术，教唱救亡歌曲，“大刀向鬼子们的头上砍去”“拿起红缨枪，去打小东洋”的歌声在岩洞内久久回荡。

国民政府陆军131师少将师长阚维雍（1900～1944）、桂林城防司令部中将参谋长陈济桓（1893～1944）、陆军第31军少将参谋长吕旃蒙（1905～1944）3位将领是在桂林保卫战中牺牲的职位最高的将领。

1944年，侵华日军为打通大陆交通线，发动豫湘桂战役。日军近7个师团，300多辆坦克，大量飞机、重炮，总兵力18万人直逼桂林。驻守桂林的国民党31军131师、46军170师共2.5万人，于10月28日至11月8日与日军展开了一场惨烈的桂林保卫战。11月8日，在寡不敌众、久战无援的情况下，131师391团官兵800余人退守普陀山七星岩内坚持抵抗。日军久攻不破，后用山炮猛轰岩口，封死出口，向洞内施放毒气，最终800余将士全部壮烈牺牲，为国捐躯。

景点七：桂林市美国飞虎队桂林遗址

第二次世界大战期间，美国组建了“中国空军美国志愿援华航空队”（俗称“飞虎队”），动用近千架飞机和上万名航空地勤人员，来往运送了70多万吨物资和30000余人员，有力地支持了中国的抗战。1942年6月11日，“飞虎队”来到桂林秧塘机场基地驻扎，担负防空和歼击日本海上运输船只的任务，为保卫中国南方地区立下了赫赫战功。

为纪念这段中美军民并肩作战的历史，总投资1.6亿元人民币，占地250亩的美国飞虎队桂林遗址公园于2011年7月正式动工建设，2015年3月落成。公园位于桂林市临桂区，是在抗战时期美国第14志愿航空队秧塘机场飞虎队指挥所旧址上建设的一个纪念性公园。

纪念地：桂林市西山公园苏军巴布什金烈士墓

伊万·米哈伊洛维奇·巴布什金大尉，苏联共产党员。他为了帮助浴

血抗战的中国军民来到中国，为中国人民抗日战争和世界反法西斯战争做出了积极贡献。1940 年 9 月 16 日，他在桂林逝世。

景点九：桂林市叠彩山康有为讲学处遗址

据史料记载，康有为于 1894 年、1897 年来桂林进行两次讲学活动，都居住在叠彩山风洞前的景风阁。景风阁原址在叠彩山风洞南洞口右前方的平台上，唐元晦建于会昌间（841 ~ 846），前有厅、后有室，环境清幽，是居住、讲学的理想场所，景风阁在抗日战争时期被毁。现在桂林叠彩山风洞外东侧竖有一石碑，上刻“康有为讲学处遗址”。

景点十：广西师范大学（王城校区）纪念孙中山先生北伐大本营驻节桂林“三民主义”纪念碑

1921年，孙中山率北伐军驻桂林，王城为北伐大本营。孙中山在这里会见了共产国际代表马林，接受了马林关于“联合苏俄”和建立革命军校的建议；发表了他的著名哲学演讲《知难行易》；检阅了北伐军；确立了青天白日旗为中华民国国旗，并于1922年元旦在王城举行了首次升旗仪式。

王城景区是以桂林“众山之王”——独秀峰为中心，明代靖江藩王府邸为范围的旅游景区。“桂林山水甲天下”这千古名句的真迹题刻就出于此处。王城内现存孙中山驻跸处遗址碑和“中山不死纪念塔”，纪念塔呈三角形，筑五级台阶，喻孙中山先生三民主义之精神和五权宪法。塔的三面分别有题辞：“中山不死”为谢顺慈书；“总理遗嘱”为张猛书；“主义常新”为莫乃群书。塔附建有仰止亭，楹联由谭延闿书，亭西有石碑“中山常在”，为廖承志书。

景点十一：抗战文化城：桂林

1938 年及其以后数年，因为武汉失守、广州沦陷、长沙大火、香港沦陷，桂林集合了一大批优秀的文化工作者。他们中有专家、学者、作家、诗人、记者、报人、音乐家、画家、戏剧家等，合计 1000 余人，集中了全国三分之一的名士。据当时文献记录，“桂林的文化成就在一个时期内不论质和量都是第一的”，是名副其实的抗日大后方和“文化中心”，因此被称为“文化城”。

这些不愿在沦陷区做亡国奴的民族志士，集结在桂林为抗战效力。他们在中国共产党的领导下，在抗日民族统一战线的旗帜下，向全社会输送正能量。他们创作了大量的精神武器，激励着人民大众，打击着侵略者。他们把宁静的、古老的山城变为热气腾腾、生机勃勃的抗战文化中心，创造了一个烁古震今的桂林文化城。

图 1-18　岁寒三友铜像

抗战时期，中国文艺界的著名艺术家田汉、欧阳予倩、徐悲鸿相继来到桂林，组织领导了大后方的抗战文化救亡活动，喻为“岁寒三友”。

田汉，杰出的戏剧艺术家，中华人民共和国国歌的词作者。欧阳予倩，戏剧艺术家、戏剧教育家。抗战时期，在桂林和田汉等发起并举办了盛况空前的“西南第一届戏剧展览会”。徐悲鸿，现代杰出的画家和美术教育家。山水甲天下的桂林，激发了徐悲鸿强烈的创作欲望，先后创作了《漓江春雨》《鸡鸣不已》《奔马》等一批佳作。“岁寒三友”铜像位于桂林市穿山景区内。

中華民國二十八年二月三日　桂林版　(星期五)　第一版

救亡日報　沫若

第三八八號

營業部：桂西路二十六號　編輯部：太平街二十二號

報價　廣告刊例

范家山一帶在激戰中

敵仍圖在欽

和順敵陷遼縣後

張伯倫侈言和平　說明英現行外交政策

又起新事件

图 1－19　《救亡日报》

抗战时期，与国同忧的人民大众特别关心时事，报纸迅速成为最便捷的新闻媒介。桂林报人应时代的呼唤，将桂林出版报纸的单位由原来的一家发展到 13 家，这一时期也成为桂林历史上出版报纸最多的时期。

《救亡日报》是一份由中国共产党直接领导的报纸，1937 年 8 月在国统区创办，郭沫若任社长兼发行人。1939 年 1 月，《救亡日报》艰难抵达桂林，坚持宣传抗战，反对分裂。《救亡日报》在桂林办了 2 年 1 个月又 15 天，日发行量由 2000 份猛增至 8000 份，被誉为宣传抗日的文化阵地。

图 1－20　广西省立艺术馆

广西省立艺术馆位于桂林市解放西路 15 号，由我国著名戏剧家欧阳予倩主持筹建。1944 年 2 月竣工，15 日举行了广西省立艺术馆落成典礼暨西南第一届戏剧展览会开幕仪式，剧展持续至 5 月 19 日。来自广东、湖南、江西、云南等省的 32 个文艺团队、近千人参加大会，规模宏大、盛况空前，标志着桂林抗日救亡文化运动达到高潮。1944 年秋，日军进犯湘桂，艺术馆遭战火毁灭；抗战胜利后，在原址重建。战火纷飞的特殊年代，广西省立艺术馆成为抗战文艺工作者的大本营，是抗战时期进步力量的文化聚焦点，也是当时桂林文化城的文化坐标。

当时的入场券

（五）北部湾红色旅游基地

北部湾红色旅游基地，主要以南宁市、钦州市、防城港市等为重点。南宁具有光荣的革命传统，在近现代历史上留下了许多的革命活动遗迹，孙中山、毛泽东、邓小平等伟人以及邓颖超、李明瑞等都在南宁留下了丰富的历史足迹，抗战时期昆仑关战役彪炳史册。钦州地处广西海滨，拥有刘永福、冯子材等抗法名将留下的历史遗迹，具有深远的教育意义。

图 1－21　西南剧展纪念章

景点一：南宁市昆仑关战役旧址景区

昆仑关战役为抗日战争的大型战役之一，也是桂南会战国民革命军投入战斗力最强的一场战役。主要地点位于广西战略要点昆仑关，起止时间为 1939 年 12 月 18 日至 1940 年 1 月 11 日。

昆仑关战役纪念塔

1939 年 11 月 15 日，日军在北海湾龙门港登陆，攻占钦州、防城后，以一个师团又一个旅团的兵力于 24 日沿邕钦公路侵占南宁。12 月 4 日进占昆仑关，桂南会战打响。国民政府调集 4 个战区 5 个集团军的兵力参加桂南会战，以确保桂越国际交通线的安全。

国民革命军第 38 集团军第 5 军奉命主攻昆仑关，12 月 18 日凌晨战斗开始打响。12 月 30 日第 5 军第三次攻克昆仑关，歼灭日军第 21 旅团 5000 余人，21 旅团班长以上的军士官死亡达 85% 以上，击毙敌少将旅团长中村正雄。

昆仑关位于广西南宁市兴宁区与宾阳县交界处即昆仑镇所在地北 4 公里，距南宁市 59 公里。昆仑关战役旧址，除古关楼、昆仑古道等古代遗迹之外，主要包括“陆军第 5 军昆仑关战役阵亡将士墓园”中的南、北门牌坊，陆军第 5 军昆仑关战役阵亡将士纪念塔，抗日将士公墓，抗战碑亭等纪念建筑物，以及昆仑关地区如宾阳县境内的“昆仑关战役指挥部”，邕宁区昆仑镇境内的“昆仑关战役日军第 21 旅团长中村正雄少将被击毙处”和金龙山、仙女山、老毛岭、罗塘南、同兴堡、石家隘以及 441、660、653 高地等多处昆仑关战争中的阵地、工事遗迹点等。昆仑关战役旧址 2006 年被列为全国重点文物保护单位，2017 年被列入《全国红色旅游经典景区名录》。

昆仑关战役博物馆位于昆仑关战役发生地——南宁宾阳县。昆仑关战役博物馆是广西唯一的抗战专题博物馆，也是广西的爱国主义教育基地，是由抗日民族英雄戴安澜将军的长子戴复东（中国工程院院士、同济大学建筑学院教授）设计。全馆建筑面积3500多平方米，馆藏文物1000余件，有抗战时期我军及日军使用过的武器装备以及大量广西军民抗战的珍贵文献材料等。

景点二：钦州市刘永福故居

刘永福，字渊亭，1864年在归顺州（今靖西安德）组织黑旗军，是清朝时期的爱国将领。他曾率黑旗军赴台抗日，也曾因成功抗击法国的侵略而闻名中外。在中法战争中，刘永福率领黑旗军与法国侵略者抗击，先后取得罗池大捷、纸桥大捷等，还赴台抗日，是著名的爱国将士。故居又名“三宣堂”，位于钦州市板桂街10号，刘老将军在越南抗法时战功显赫，越南王封他为“三宣提督”，掌管越南山西、兴化、宣光三省，他便以他的官名来命名他的公馆，以纪念他越南抗法时的光荣历史。

景点三：钦州市冯子材故居

冯子材（1818～1903），钦州人，字南干，号萃亭，清末将领，历任广西、贵州提督。1885年中法战

争时，他已年近70岁，在镇南关（今友谊关）“短衣草履，佩刀督队”，浴血奋战，大败法军，乘胜追击至越南文渊、谅山等地，歼法军1000多人，史称“镇南关大捷”。冯子材故居又名“宫保第”，在钦州市钦州镇白水塘村，是冯子材退居时住所。冯宫保第总占地面积15万多平方米，建筑面积2020平方米。

景点四：防城港市中越人民友谊公园

中越人民友谊公园位于广西防城港市东兴市西南侧，中越界河—北仑河旁。1958年为纪念中越两国人民在解放斗争中用鲜血凝成的友谊而建，故名“中越人民友谊公园”。中越人民友谊公园总面积260亩，园内有1960年越南胡志明主席赠送树种栽的两棵友谊树。公园中心最高处矗立着“中越人民革命烈士纪念碑”。1958年经东兴县人民委员会与越南海宁省政府商定，为在1954年的援越解放斗争中牺牲的中国军人建立这座纪念碑。中越人民友谊公园，正是为纪念这份用鲜血铸成的战斗而修建的。

（六）梧州—桂平红色旅游基地

梧州，地处广西东部，自然风光秀丽，人文景观丰富。1925年，中共广东区委最早在梧州开展工作，使得梧州成为当时广西革命运动的领导中心，在中国反帝、反封建斗争史上留下了浓墨重彩的一笔。桂平风光秀丽，人杰地灵，拥有丰富的红色旅游资源，1851年爆发太平天国起义运动，沉重打击了清王朝的反动统治，加速了清朝统治的衰落和崩溃。

梧州市中共梧州地委、广西特委旧址

中共梧州地委、广西特委旧址位于梧州市中心，由两点组成，一点为梧州地委旧址，位于市建设路兴仁巷4号，是广西最早建立党组织纪念地。一点为位于民主路维新里东一巷4号，两点合并列为自治区级文物保护单位，统称梧州地委、广西特委旧址。梧州地委旧址建立于1926年1月，是一栋三层砖木结构建筑物，占地约50平方米。广西特委旧址，由四层砖木结构组成，占地约70平方米。

（七）柳州红色旅游基地

柳州，地处广西中部，是以工业为主、综合发展的区域性中心城市和交通枢纽，是山水景观独特的国家历史文化名城，拥有柳州市市烈士陵园、柳州市胡志明旧居、柳州工业博物馆等革命遗迹和工业遗迹，展现了柳州乃至广西人民艰苦创业、敢为人先、自强不息、实业兴市的精神。

纪念地：柳州市烈士陵园

柳州市烈士陵园的前身为羊角山公墓，

始建于1955年，1995年2月迁建于素有“八岭九沟十三峰”之称的林木葱郁的市西郊，占地面积638亩，主体位于雷劈岭偏西南的螃蟹岭上。多年来，柳州市烈士陵园充分发挥爱国主义教育基地作用，通过对烈士生平事迹的讲解，大力宣传革命烈士的先进事迹，再现革命烈士的丰功伟绩，让烈士事迹成为弘扬和培育民族精神的生动教材。

柳州市烈士陵园2007年被评为自治区爱国主义教育基地，2009年被评为全国重点烈士纪念建筑物保护单位。

景点二：柳州市胡志明旧居

柳州市胡志明旧居，位于柳州市著名风景区鱼峰山对面，是一座两层楼砖木结构的老式建筑，过去称为“南洋客栈”，1943年9月至1944年9月，胡志明曾在这里居住。胡志明在柳州开展了大量的革命活动，参加了在柳州召开的“越南革命同盟会”大会。期间，胡志明还创办了越南革命干部训练班。胡志明在训练班结业时发表了著名的演讲，演讲记录稿已在柳州被发现。2001年底，柳州市政府投入30万元人民币对其旧居进行大规模修缮，并广泛征集史料，建立旧居陈列馆。

景点三：柳州市工业博物馆

柳州工业博物馆坐落于柳州市鱼峰区文昌大桥东侧南面，是国家AAAA级景区，于2012年5月1日建成，免费向公众开放。柳州工业博物馆集工业历史展示、工业遗产保护、科学知识普及、旅游休闲于一体，总用地面积将近11万平方米，总建筑面积超过6万平方米，征集到各类大小工业遗存实物6224件，各种文献资料、图片11645件。

柳州工业博物馆主要由“柳州工业历史馆”“柳州企业风采馆”“柳州生态宜居馆”3个主题展馆及室外展区组成。柳州工业历史馆，展现了柳州工业100多年来从无到有，从弱到强的发展历程，体现出艰苦奋斗、自主创新的“柳州精神”。柳州企业风采馆作为柳州工业历史馆的重要补充，展示了今日柳州工业实力和柳州骨干企业的时代风采。柳州生态宜居馆，全面展示柳州近30年以来，在工业快速发展、环境遭到严重破坏的情况下，果断推行综合治理，重建生态环境和探索新型工业化道路，城市生态和人居环境得到极大改善的历程。

柳州工业博物馆填补了广西工业类博物馆的空白，成为广西乃至全国第一所城市综合性工业博物馆。博物馆藏的大量工业文物具有广西乃至全国“第一”和“唯一”的特性。这些珍贵的工业文物从不同侧面记录了广西及中华民族复兴的历史，也是柳州艰苦创业、敢为人先、自强不息、实业兴市精神的真实写照。

三、工作成效

文化传承是高校的重要使命，党的十九大以来，习近平总书记多次强调，要把理想信念的火种、红色传统的基因一代代传下去，让革命事业薪火相传、血脉永续。通过举行“八桂红旗谱——广西红色旅游景点巡展”，传承和弘扬广西红色文化，广大师生通过聆听讲解、观看展览升华了爱国主义情感，增进了对革命历史的了解，活动的开展也加强了校园文化内涵建设。

此次红色展览，是桂林旅游学院纪念建党 97 周年系列主题活动之一。以项目为依托，党委宣传部联合项目成员单位培养了一支广西红色文化讲解员队伍；策划制作了“广西红色旅游景点”视频资料，进一步丰富了展览形式和内容。

“八桂红旗谱——广西红色旅游景点巡展”展厅作为学校爱国主义教育基地窗口，将长期对师生开放，学校同时将广西红色文化主题教育纳入 2018 级新生入学教育。红色主题展览带领我们追随革命先烈足迹，体会脚下这片热土的红色魅力，追忆峥嵘岁月，感悟革命情怀，激励新时代的我们不忘初心、牢记使命、砥砺前行。让我们在伟大的民族精神和红色文化的感召下，为把学校建成高水平旅游大学奋勇前进！

附：

我校举行八桂红旗谱——广西红色旅游景点巡展开幕式

桂林旅游学院校园新闻网

为深入学习贯彻习近平新时代中国特色社会主义思想和党的十九大精神，喜迎建党 97 周年，传承和弘扬广西民族红色文化，引导广大师生接受爱国主义教育，坚定理想信念，6 月 28 日下午，我校在图文信息中心 408 教室举行“八桂红旗谱——广西红色旅游景点巡展”开幕式。学校党委书记林娜宣布巡展正式开幕。

学校党委副书记林业江致辞。他指出，学校的中心工作是人才培养，要把立德树人作为根本任务，把思想政治工作贯穿教育教学全过程，实现全程、全方位育人。“传承和弘扬广西民族红色文化，培养高素质旅游行业人才”项目组深入调研广西民族红色文化和广西红色旅游资源，依托学校办学特色和优势，深入开展“五个一”工程建设，取得了可喜的成果，并已成为学校弘扬和传承红色文化、民族文化，践行社会主义核心价值观的重要载体。

党委宣传部部长刘旸对“八桂红旗谱——广西红色旅游景点巡展”情况进行了介绍。他表示，“八桂红旗谱——广西红色旅游景点巡展”作为“传承和弘扬广西民族红色文化，培养高素质旅游行业人才”项目的“五个一”工程之一，展览素材来源于实际调研和收集整理，景点覆盖面广，巡展形式多样，是我校大学生思想政治教育及意识形态阵地建设的重要项目，是我校爱国主义教育基地建设的重要组成部分和纪念建党 97 周年系列主题活动之一。

巡展开幕式后，进行了“传承和弘扬广西民族红色文化，培养高素质旅游行业人才”项目成果汇报。“闪闪红星”红色文化调研队代表宋子坤分享了祖孙三代护红旗，桂林民众拥红军的故事。第二届红色导游线路设计大赛获奖队伍代表姚美辰展示讲解了“中越边关红色之旅”。八桂红旗谱——广西红色旅游景点巡展讲解员宋雪瑶、姜长彤分别以主题PPT的形式展示并讲解了广西重点红色景区百色、百色起义纪念馆和抗战文化城桂林。当天的活动上，还展播了由学校党委宣传部策划制作的《八桂红色之旅——列宁岩》专题视频。

图1-22 校党委书记林娜参观“八桂红旗谱——广西红色旅游景点巡展”

图1-23 校领导与“八桂红旗谱——广西红色旅游景点巡展”讲解员合影留念

巡展仪式结束后，校领导和师生代表一同观看了展览。本次活动由学校主办，党委宣传部承办，校团委、文化与传播学院及图书馆协办，各党总支（直属党支部）、各职能部门负责人，全校各界代表以及“青马班”

学员和党委宣传部学生社团代表共同参加了开幕式。“七一”前后，各党总支（直属党支部）组织师生代表认真观展，接受爱国主义教育。通过观看展览，广大师生增加了对广西的红色旅游资源的了解，加深了对广西红色文化精神内涵的学习。大家纷纷表示要传承和弘扬红色文化，不忘初心、牢记使命，勤奋学习、勇于担当，为建设高水平旅游大学而努力奋斗。

（2018 年 6 月 30 日）

第二篇 02

红色文化艺术展演

红色文化是在革命战争年代，由中国共产党人、社会先进分子和人民群众共同创造并极具中国特色的先进文化，蕴含着丰富的革命精神和厚重的历史文化内涵。红色文化倡导的是崇高思想境界和革命道德情操，传播其理念、彰显其精神有利于红色革命精神深入人心，增强爱国主义精神，筑牢我们共同的理想信念，为实现中华民族伟大复兴的“中国梦”汇聚磅礴力量。

为弘扬革命精神、传播红色基因，对广大师生进一步开展爱国主义教育，桂林旅游学院文化与传播学院结合其专业办学特色，组织开展了《中国梦·铭记》《红色传奇·征途》《“红色经典传唱”音乐会》等系列红色文化艺术展演。

通过举办红色文化艺术展演活动，进一步加强了对党员干部的理想信念教育，有助于广大党员师生不断提高思想认识和党性修养，尤其对于青年学生铭记革命历史、弘扬民族精神，增强历史使命感和社会责任感，可起到积极的促进作用。

中国梦·铭记

一、活动目标

（一）活动背景

1945年，中国人民迎来了世界反法西斯战争的胜利。2015年，中华人民共和国成立66周年，世界反法西斯战争胜利70周年，举国欢庆。我们铭记历史，展望未来，坚定不移地捍卫来之不易的和平。

2015年，桂林旅游学院成立，学院的建设迈向一个新的台阶。从桂林旅游高等专科学校到桂林旅游学院，这一路走来，是一代又一代旅院人的付出与努力才为桂林旅游学院书写出了一个崭新的开篇。

2015年，桂林旅游学院文化与传播学院又迎来了新一届学生毕业季。迎来送往，学校培养了一批又一批的毕业生。这一年，注定是不平凡的一年，我们开拓创新，破茧成蝶，用新的形式、新的理念，来铭记桂林旅游学院过去30年的教学成果，放飞教育强国、民族振兴的“中国梦”。

（二）活动目的

旨在通过创意十足的策划、精心的节目编排、现场的组织协调来体现文化与传播学院各专业学生的学习成果与专业素养，展现2013级学生优秀的组织协调能力和良好的艺术感悟能力。

突破常规的舞台节目编排形式，以情景剧的方式呈现出中国70多年前的反法西斯抗战史和中国人民为了国家富强崛起而自强不息、努力奋斗的追梦历程。

进一步推动校园文化建设，开展世界反法西斯战争胜利70周年相关红色演出，深切缅怀抗战英烈的光荣业绩，有助于弘扬爱国主义精神与民族精神，教导广大学生勿忘国耻，激发广大师生们为实现中华民族伟大复兴而艰苦奋斗的斗志和信心。

（三）活动主题

“中国梦·铭记”

2012年11月29日，在中共中央总书记习近平同志参观国家博物馆“复兴之路”展览时，第一次阐释了“中国梦”。他指出：“大家都在讨论中国梦。我认为，实现中华民族伟大复兴，就是中华民族近代以来最伟大的梦想。”

铭记，就是勿忘国耻，化国耻为动力，凝聚正能量。70年过去了，但国耻依然在心，重任依旧在肩，目标就在眼前。我们唯有始终不渝地坚持党的领导，以强烈的忧患意识和高度的民族自尊心、自信心，自觉把爱国之情转化为报国之行。让我们高举中国特色社会主义的伟大旗帜，为实现中华民族伟大复兴的“中国梦”而努力奋斗。

二、活动实施

（一）活动概况

晚会时间：2015年12月

晚会地点：桂林旅游学院旅艺楼演艺厅

主办单位：桂林旅游学院

承办单位：文化与传播学院

晚会形式：以情景剧的形式呈现，具体的形式包括舞蹈、合唱、独唱、朗诵、情境表演等。

（二）演出内容

此次活动由文化与传播学院师生历时3个月精心打造完成，共有17个节目，由“战争篇”“胜利篇”“和平篇”3个部分和4大板块组成。

1. 战争篇

以合唱、诗歌朗诵、情景表演、舞蹈等形式呈现“九一八”事变、八女投江、南京大屠杀、共产党建立革命根据地等一个个抗日战争的场面。

2. 胜利篇

以领唱、合唱、钢琴协奏等形式呈现出在祖国母亲陷入民族危亡之际，中华儿女挺身而出，保卫黄河，保卫全中国的决心和勇气。

3. 和平篇

以领唱、合唱、情境表演等形式呈现出和平年代中国的繁荣富强，以及中华民族翻开崭新篇章，迎来和平与发展新时代的新风貌。

整台晚会包括4个板块。

第1板块：歌唱祖国，唱出本次晚会的主题。节目包括：《我的祖国》（领唱合唱）、《“九一八”诗歌朗诵》（朗诵与情境表演）。

第2板块：抗日战争，中国人民的奋起反抗。节目包括：《八女投江》（舞蹈与情境表演）、《送别》（合唱与情境表演）、《金陵十三钗》（舞蹈与情境表演）、《五四青

图2-1 舞蹈与情境表演：八女投江

年》（朗诵与情境表演）、《山丹丹花开红艳艳》（领唱合唱与情境表演）、《太行山上》（领唱合唱与情境表演）、《保卫黄河》（钢琴协奏与情境表演）。

第 3 板块：中华人民共和国，共同建设美丽的新祖国。节目包括：《东方红》（领唱合唱与情境表演）、《各行各业工人建设祖国》（朗诵与情境表演）、《我等你》（舞蹈与情境表演）、《往日时光》（民乐合奏与情境表演）。

图 2－2　朗诵与情境表演：各行各业工人建设祖国

图 2－3　歌伴舞：《国家》和《歌唱祖国》

第 4 板块：中国梦，教育强国助力中国梦。节目包括：《国家》和《歌唱祖国》（歌伴舞）。

三、活动成效

（一）活动成效

1. 普通学生

深切缅怀抗战英烈的光荣业绩，向广大学生弘扬了爱国主义精神与民族精神，激励了广大学生勿忘国耻、奋发向上，为实现中华民族伟大复兴的“中国梦”而艰苦奋斗。

2. 领导干部

通过回忆中国共产党在世界反法西斯战争中艰苦卓绝的抗战历史，本次活动对党员领导干部进行理想信念教育，旨在加强学校思想建设、组织建设、作风建设、制度建设和廉政建设。

3. 全校师生

对全校师生开展了爱党爱国教育。纪念抗战，就要牢记历史，警钟长鸣，居安思危。纪念是为了认清历史、正视历史、铭记历史，纪念抗战，就要感谢党、拥护党、坚定不移跟党走。铁的事实证明，无论是在抗战时期还是社会主义建设时期，中国共产党都是中国人民的领导核心和中流砥柱，今天，伟大的中国共产党正带领全国人民实现民族复兴的伟大梦想。纪念抗战，就要弘扬抗战精神，奋发有为，推进中国的和平崛起。在繁荣富强的新时代一定要铭记历史，缅怀先烈，珍爱和平，开创未来！

（二）活动总结和经验分享

以文化与传播学院2015年毕业汇报演出暨纪念世界反法西斯战争胜利70周年大型红色经典音乐史诗——《中国梦·铭记》为契机，组织广大学生集中学习和宣传“天下兴亡、匹夫有责”的爱国精神，万众一心、共御外侮的大局意识，百折不挠、愈挫愈奋的必胜信念，不畏强暴、血战到底的英雄气概、抗战精神和以爱国主义为核心的团结统一、爱好和平、勤劳勇敢、自强不息的伟大民族精神，引导师生为实现中华民族的伟大复兴而不断奋斗。

通过系列活动让广大师生感受革命先辈顽强斗争、奋勇向前、甘于奉献、不怕牺牲的革命大无畏精神和伟大的爱国主义情操。站在新的起点上，将专业实践教育与思想政治教育相结合，举办纪念反法西斯战争胜利70周年文艺演出，既是为了重温那段血雨腥风的悲壮历史，让师生们更加深刻地认识到反法西斯战争胜利的深远意义，缅怀抗日先烈的丰功伟绩，更是为了不断增强忧患意识，使师生们铭记历史、缅怀先烈，珍爱和平、开创未来，培养学生的爱国热情，大力弘扬抗战中所体现出的民族精神。这是作为高校、作为教育工作者的一种责任，更是使命担当。

红色传奇·征途

一、活动目标

（一）活动目的

2014年12月28日，中共中央总书记、国家主席、中央军委主席习近平同志在第二十三次全国高等学校党的建设工作会议上做出重要指示。习总书记强调，高校肩负着学习研究宣传马克思主义、培养中国特色社会主义事业建设者和接班人的重大任务。加强党对高校的领导，加强和改进高校党的建设，牢牢把握高校意识形态工作领导权，是办好中国特色社会主义大学的根本保证。

桂林旅游学院校党委书记林娜在学校2016年基层党组织建设工作推进会上指出，在开展党建工作和大学生思想政治教育工作中，要善于学习，善于找结合点。基层党组织书记要善于思考，把政治理论学习和思想教育与本部门的中心工作有机融合，规范开展各项党建工作。

桂林旅游学院校党委副书记、校长程道品在学校2016年基层党组织建设工作推进会上指出，学校党建工作要注意把握好形式、内容和成效的关系。党建工作要围绕中心工作开展，通过党建工作来凝聚人心，推动学校学科建设和专业建设，通过学校内涵式发展，提升党建工作的科学化水平。

在高校纷纷开展党建工作创新尝试的大环境下，桂林旅游学院文化与传播学院将基层党组织建设工作与学院专业建设相结合，以文艺表演的形式展示党的基本思想，让广大师生在一个和平、和谐的环境中感受党的发展历史，从而提高师生们对党的认识，对党史的认知，激发浓烈的爱党爱国热情。

（二）预期成果

通过深入学习贯彻党和国家在推动文化建设方面的路线、方针、政策和各项具体任务，以及结合广西少数民族文化传承文化项目的具体建设目标，策划并编导大型演出，使其成为集爱国主义教育、广西少数民族文化传承、教学和科研于一体的文化项目。并对传统文化进行创造性转化和创造性发展，更好地传承和弘扬广西少数民族文化和传统文化，坚持中国特色社会主义文化发展道路的正确方向，推动社会主义文化大繁荣大发展。在开展专业建设的同时将党建工作融入其中，对广大师生开展理想信念教育，探索出一条“党建+专业”的工作模式。

（三）主题思路

本次活动的主题取材于《七律长征》“红军不怕远征难，万水千山只等闲。五岭逶迤腾细浪，乌蒙磅礴走泥丸。金沙水拍云崖暖，大渡桥横铁索寒。更喜岷山千里雪，三军过后尽开颜。”毛泽东同志以磅礴的气势描绘了长征途中战胜的艰难险阻，表现了红军战士的革命乐观主义精神和不怕任何艰难对革命必胜的信心，热情赞扬了红军不畏困难，无往而不胜的英雄气概。

坚定的信念和必胜的信心是战胜困苦的精神动力。长征途中，先辈们脚下踏着华夏坚实的土地，手中高举着民族振兴的大旗，心中升腾着祖国飞翔的梦想。正是这样的信念将他们紧紧地凝聚在一起，筑成一道摧不垮、压不倒的钢铁长城。正是这样的信念支撑着他们走过艰难，走过凶险，走向希望，走出了一片蓝天。中华人民共和国成立前，中国共产党创造了一个又一个历史传奇；中华人民共和国成立后，中国共产党为中华人民共和国谱写了一个又一个的当代传奇。今天，步入新世纪的我们，同样需要坚定的信念，同样需要坚强的意志，同样需要艰苦奋斗的精神，同样需要甘于奉献的精神。有了这样的信念、精神，我们才能从容地藐视困难、顽强地面对困难、乐观地克服困难，有了这样的信念、精神，我们才能以蓬勃向上的风貌，激发创新能力，燃烧创业的激情，焕发无坚不摧的力量。只有坚持这样的信念和精神，才能在中华人民共和国前进的征途中，创造一个又一个的新传奇。

因此，本次活动在“七一”前夕，通过文艺演出的方式再现泸定桥边、大渡河畔那英勇无畏的身影；雪山草地、高山峻岭那坚毅执着的脚步；四出奇兵，赤水河上那胜利后的笑容，再现先辈用他们的热血和生命谱写的“惊天地，泣鬼神”的长征之歌。通过展现历史发展、经济进步的历程，激发师生爱国热情，对师生进行爱国主义教育。

二、活动实施

（一）活动概况

晚会时间：2016年6月

晚会地点：桂林旅游学院旅艺楼演艺厅

主办单位：桂林旅游学院

图2－4　《红色传奇·征途》宣传海报

承办单位：文化与传播学院

活动形式：整个活动以文艺演出为主体，通过情景剧的思路呈现中国共产党的奋斗历程，具体的形式包括舞蹈、合唱、独唱、朗诵、情境表演等。

（二）演出内容

整台演出分为7个板块。

1. 序曲

通过视频、舞蹈、情境表演、童谣等形式展示中国共产党成立前夕，清王朝统治下中国的现状。节目包括：舞蹈《挽扇仕女》、情景表演《天怒》《辛亥童谣》等。

2. 第一幕：星火初照

通过旁白、情境表演、视频、诗歌朗诵、舞蹈、视频等形式展示中国共产党成立、抗战初期、红军长征胜利等历史画面。

图2－5　情境表演《起义》

主要节目包括：建党情境表演、旁白《共产党宣言》、情境表演《起义》、朗诵艾青的爱国诗歌《我爱这土地》等。

图2－6　情境表演《长征》

3. 第二幕：千里来龙

通过布景（雪山）、情境表演、诗歌朗诵、舞蹈等形式再现长征的艰难历程；表现抗日战争时期，中国人民团结一致、奋起反抗的历史画面。

节目主要包括：情境表演《长征》；表演唱《山丹丹花开红艳艳》等。

4. 第三幕：战火英魂

通过情境表演、舞蹈、独白等方式，展示抗日战争的激烈场面。

图 2-7　舞蹈和情境表演：大刀进行曲

节目主要包括：舞蹈和情境表演《大刀进行曲》《为了母亲》、歌舞表演《怒吼吧黄河》等。

5. 第四幕：漓江亢歌

通过桂林地方戏曲表演、合唱、舞蹈等，展示桂林作为抗战文化名城，在抗日战争时期，全民奋起反抗的历史画面。

节目主要包括：戏曲表演、情境表演《桂林米粉拯救桂林》、戏曲表演《抗战中的桂林城》、情境表演《八路军在桂林的抗战》等。

图 2-8　戏曲表演：抗战中的桂林城

6. 第五幕：风展红旗

通过情境表演、舞蹈、朗诵等方式，展现了中华人民共和国成立时激动人心的历史时刻，战士们誓死奋斗，中华人民共和国浴血重生，红旗飘扬。

图 2－9　舞蹈和情境表演：共和国的名字

节目主要包括：舞蹈和情境表演《共和国的名字》、朗诵《人民英雄纪念碑碑文》等。

7. 尾声

鲜艳庄严的国旗缓缓从观众席移到舞台，以歌声和传递国旗的形式把演出推向高潮。

图 2－10　舞蹈和演唱表演：共筑中国梦

节目主要包括：舞蹈《铜鼓敲出壮乡情》、演唱《共筑中国梦》等。

三、活动经验

（一）活动设想

高校基层党组织建设工作必须紧紧围绕学校发展的中心，桂林旅游学院文化与传播学院党总支坚持统筹学校和院部发展两个层面，结合广西少数民族文化传承的发展需要，通过申报《广西少数民族文化传承创新实践》党建项目，研究探索出基层党组织在促进少数民族文化发展中发挥核心作用的根本着力点、方法、途径以及与教学科研工作的结合点，保证广西少数民族文化发展和理想信念教育的正确方向，创新性地为把文化传承打造成我校人才培养、教学科研、社会服务以外的新的办学亮点，提供理论基层和经验。在专业教学活动和校园文化活动中弘扬社会主义核心价值观。

作为此项目的主要内容，为倡导师生铭记历史，缅怀先烈，珍爱和平，开创未来，文化与传播学院党总支组织师生排演了《红色传奇·征途》大型红色经典音乐史诗。作为中国共产党成立95周年暨长征胜利80周年献礼，演出效果良好，受到全校师生和学校领导的高度肯定和赞扬。项目活动活跃了校园文化，以文艺实践活动为载体，践行和培育社会主义核心价值观，开创“党建精品活动”项目成果的新气候。

（二）活动成效

大型红色经典演出成为集爱国主义教育、广西少数民族文化传承、教学和科研于一体的文化项目，并对传统文化进行了创造性转化和创造性发展，更好地传承和弘扬了广西少数民族文化和传统文化，对坚持中国特色社会主义文化发展道路的正确方向，推动社会主义文化大繁荣大发展做出了贡献。

同时达到了以下四个方面的良好成效。

1. 在全系师生范围内弘扬社会主义核心价值观，宣传广西少数民族文化传承的重要性和必要性。

2. 成立以党员及积极分子为主体的表演团队（包括教师、学生、兴趣爱好者）。

3. 集中排练，排练中让演员接受社会主义核心价值观的洗礼。

4. 探索模式，形成系列，免费演出，增强教育引导效果。

（三）活动经验

本次项目活动活跃了校园文化，以文艺实践活动为载体，践行和培育社会主义核心价值观，开创了“党建精品活动”项目成果的新气候。活动前期的大力度宣传工作使得校园内人人皆知本次活动，人人皆谈“红色文化”，在学生之间形成了一种“期待红色演出、赞颂红色文化”的校园氛围。令人震撼的演出内容也进一步增强了学生的爱国意识，将爱国教育渗透到了学生的课外生活中，潜移默化地培育了他们的社会主义核心价值观。

本次项目活动成功将大学生的思想政治工作结合专业教学特色，进一步加强和改进了大学生思想政治教育。面对新形势、新情况，学生对大学生思想政治教育工作还不够适应，存在不少薄弱环节。学校思想政治理论课实效性不强，哲学社会科学一些学科教材建设滞后，思想政治教育与大学生思想实际结合不紧。面对这些问题，本次项目活动结合了学校的专业教学特色，以表演的形式宣传党的思想，让大学生在一个和平、和谐的环境中认识党的历史，从而增强大学生对党的认识，对党史的认知，激发了大学生的爱国热情。

桂林旅游学院文化与传播学院通过本次项目活动弘扬了广西少数民族文化和传统文化，坚持中国特色社会主义文化发展道路的正确方向，推动社会主义文化大繁荣大发展。将广西少数民族文化和传统文化融入到节目设计中，通过桂林地方戏曲表演、合唱、舞蹈等表演形式，展示了桂林作为抗战文化名城，在抗日战争时期，全民奋起反抗的历史画面，以此唤起了当地学子对于桂林当地文化的归属感，对于历史文化的认同感。

“红色经典传唱”音乐会

一、活动目标

（一）活动目的

2017 年是建党 96 周年，为喜迎“七一”，加强党员的理想信念教育，提升党员的党性修养，倡导师生铭记历史，缅怀先烈，珍爱和平，开创未来，桂林旅游学院文化与传播学院于“七一”前夕在旅艺楼演艺厅上演一场“红色经典传唱”音乐会。让红色基因在青年学子心中生根发芽，让红色信仰的旗帜在战士的头顶飞扬。

（二）活动主题

此次活动的主题为红色经典传唱系列之“红歌进课堂”。忆往昔峥嵘岁月，抒学子爱国情怀，重温中国共产党历经的峥嵘岁月、艰苦卓绝的奋斗道路。中国共产党带领中国人民历经风雨征程，携手前行，谱写了一曲共产党人与时俱进、开拓进取的赞歌。同时也通过活动教育年轻学子牢记历史，不忘前人所经历的那段艰苦又美好的光阴年华。

（三）活动宗旨

本次“红色经典传唱”音乐会旨在宣传我党和国家的革命、建设、改革事业，缅怀党从最初成立到发展壮大的光辉历程中所做出一步一步杰出贡献，的党员为了“大我”牺牲“小我”的优秀精神。活动同时抒发大学生热爱党、热爱祖国的美好情感。新时代，回顾和唱响红色歌曲重温革命年代，让如今的师生们忆苦思甜。让他们了解党、热爱党，将来为党和人民的事业献出自己的力量。

二、活动实施

（一）活动形式

本场演出主要歌颂党的伟大事业历程，全场采用器乐演奏、音乐情景剧、歌舞、诗歌朗诵、合唱等多种演出形式，结合舞美、情景等多种元素，打造出一场气势磅礴，能引起共鸣的文艺演出，所有节目紧贴演出主题，层层递进，精彩绝伦。

（二）活动内容

演出共12个节目。

1. 《国际歌》（情境表演、钢琴+小提琴+合唱）

图2－11　情境表演《国际歌》

图2－12　朗诵情景表演《历史事件》

公元1921年7月，中国共产党第一次代表大会召开，水深火热中的劳苦大众看到了希望，中国大地革命风起云涌。通过舞蹈、情境表演等形式将中国共产党第一次全国代表大会的历史情景再现。

2.《历史事件》(朗诵情景表演)

将 1921 年—1931 年期间发生的重大历史事件以配乐诗朗诵的形式表现。

图 2-13　男生合唱《松花江上》

3.《松花江上》(男生合唱)

"九一八事变"(又称奉天事变、柳条湖事件)是日本在中国东北蓄意制造并发动的一场侵华战争，是日本帝国主义侵华的开端。歌曲再现了"九一八"事件。

图 2-14　情景表演《十送红军》

4.《十送红军》(情境表演 + 舞蹈)

第二次国内革命战争时期井冈山革命根据地百姓在村头、河边、大道旁送别红军，表现了红军与苏区人民的泪水流在了一起；再现革命的历史画面。

5.《过雪山草地》(男生独唱)

通过布景(雪山)、情境表演、独唱、舞蹈等形式再现长征的艰难历程，表现抗日战争时期，中国人民团结一致、奋起反抗的历史画面。

6.《毛主席的战士最听党的话》(舞蹈)

1962 年为中国最为困难的自然灾害时期，此曲由驻守在北疆的边防战士李之金创作完成，表现了当时的共产党人克服困难也要站稳脚，扛起背包就出发的决心。

7.《延安颂》（女生合唱）

图 2－15 《延安颂》

《延安颂》是郑律成的成名作，1938 年 4 月创作于延安。该曲热情地歌颂了抗日战争中的延安，具有抒情性，又富战斗气息，被认为是延安精神的一个体现。

8.《微山湖＋弹起我心爱的土琵琶》（古筝独奏＋合唱）

古筝的引子，加上合唱版的歌曲，反映了抗日战争时期，活跃在山东微山湖一带的铁道游击队的战斗生活，表现了游击队员在艰苦环境中的坚强革命意志和乐观主义精神。

9.《草原上升起不落的太阳》（领唱＋伴唱）

图 2－16 领唱加伴舞《草原上升起不落的太阳》

作者用充满感情色彩的语言表达了蒙古族人民热爱家乡、热爱和平、热爱中国共产党的思想感情。

10.《解放区的天》（钢琴独奏）

秧歌剧名《逃难》的选段，该剧描述了河南省国民党统治区一家三口人，为了躲避水灾、旱灾、蝗虫、汤恩伯军队四害之苦，逃难到了共产党领导的晋绥边区，在边区政府和人民的热情关怀和帮助下，幸福地安下了家，过上了好生活。根据剧情发展的需要，刘西林把《十二月》的曲调填上了新词，作为该剧的主题歌以歌颂共产党的领导。

11.《咱们工人有力量》（情境表演）

以坚实有力、豪迈热烈的旋律，表现工人们紧张劳动的战斗生活，塑造了获得解放的中国工人阶级顶天立地的英雄形象。

图 2－17　情景表演《咱们工人有力量》

12.《春天的故事》（女生独唱＋表演）

改革开放的标志性歌曲。显示了我们党顺应时代潮流和人民愿望，勇敢开辟建设中国特色社会主义道路的坚强决心，为我们党和人民继续前行奠定了坚实基础。

13. 20 世纪 80 年代经典歌曲联唱（表演＋舞蹈）

14.《我的中国心》（合唱）

“洋装虽然穿在身，我心依然是中国心……就算身在他乡，也改变不了我的中国心……”1984 年中央电视台春节联欢晚会上，张明敏为几亿中国电视观众演唱了《我的中国心》，歌声

图 2－18　武术、朗诵表演《少年中国说》

一下子打动了无数炎黄子孙的心，引起了中华同胞的强烈共鸣。

15. 《少年中国说》（武术 + 朗诵 + 表演）

通过武术 + 朗诵的形式，歌颂少年的朝气蓬勃，热切希望出现“少年中国”，振奋人民的精神。

16. 《为了谁》（女生独唱 + 抗洪救灾的视频图片）

在大灾大难面前，人民子弟兵不畏艰难与牺牲，表现了共产党人把人民的利益高于一切的优秀品质和伟大宗旨。

17. 《祖国不会忘记》（合唱）

图 2 – 19 合唱《祖国不会忘记》

歌颂的是人们，是在祖国大地上纵横决荡，用血书写中华人民共和国历史的那种精神和意志，唱出所有为共和国默默奉献的人的心声，他们甘于寂寞，长期隐姓埋名，为祖国贡献了自己的精力。

18. 《人民的名义》（朗诵 + 表演）

党的十八大以来，中央反腐力度之大，行动态度之果决，前所未有，引发国内国际舆论的强烈关注。该表演为充分展现中央反腐败工作的坚定决心和“坚持以零容忍态度惩治腐败”的高压态势。

19. 《走向复兴》（合唱）

鲜艳庄严的大国旗缓缓从观众席移到舞台，这是一面伟大的旗帜，她指引着 13 亿中国人民奔向美好的明天。中华民族伟大复兴这一新世纪的万里征程，是中国共产党领导中国人民建设幸福美好生活的伟大理想，是中国共产党、中国人民进一步认识自己、发现自己、成就自己的伟大实践。

三、活动经验

（一）活动效果

此次活动从 6 月 6 日至 6 月 9 日，连续公演四场，其中特别面向桂林旅游学院校团委“青马班”学员、校社团联合会学生骨干以及学校共建单位驻桂武警某部官兵进行了专场演出。四场演出下来，在校内外引起了强烈反响。本次演出带领着师生们一起回顾党史，学习了党章，缅怀先烈，讴歌时代发展，使在场的党员师生们进一步加强了对党的认识，提高了党性修养，进一步坚定了理想信念，明确了自己的使命。广大师生们积极响应党的号召，缅怀革命前辈的先进事迹，并将其优秀精神用于生活、学习、工作之中，立志在党的领导下锐意进取，开拓创新，扎实工作，为党和国家发展贡献更多力量。在排演的过程中，参演师生在上台挥洒汗水的同时，也接受了一次印象深刻的爱国主义教育，深受感召。

值得一提的是，“经典传唱音乐周”系列活动的开展，还进一步加强了文化与传播学院党支部的自身建设，进一步发挥了每一位党员的榜样作用，增强了党支部的作用，发挥了党支部的政治核心和党员的先锋模范作用，加强了党员之间的凝聚力。

（二）经验分享

本次活动对全体党员、入党积极分子开展了一次新颖的教学活动。演出免费对所有学生、领导、老师开放，全体党员和入党积极分子通过本次活动接受了教育，有所收获。

本次活动在校园内进行大力宣传，丰富了同学们的校园文化生活，增进了学生对文艺演出形式的了解，“红歌进课堂”理念深受欢迎。本次活动将爱国思想和共产主义精神渗透进了学生们的学习和生活之中，令人震撼的演出也在学生们的心里留下了印记，使他们潜移默化地接受了思想政治教育。

本次活动的顺利组织和实施，也有赖于基层党组织的凝聚力和战斗力。基层党组织在组织活动的同时，也借助活动过程得到了加强和巩固。基层党组织利用演出活动的机会，把党员以及党员干部凝聚在一起，共同策划、组织、实施和欣赏了这场“红色经典传唱”音乐会的演出，共同回忆中国共产党的峥嵘岁月，体会共产主义精神，激发党员心中的爱党爱国情怀，党组织的战斗力和党员的党性修养得到了显著提升。

第三篇 03

“红色记忆”讲坛

为深入学习贯彻落实党的十八大、十九大精神和习近平新时代中国特色社会主义思想，按照习近平总书记在全国高校思想政治工作会议上的重要讲话精神，为做好新形势下桂林旅游学院的思想政治工作，拓展党性党风教育、革命传统教育、爱国主义教育，使广大师生树牢“四个意识”、坚定“四个自信”，引导广大师生爱岗敬业、勤奋学习、无私奉献，在新的起点上推进学校快速发展，由党委组织部、党委宣传部、继续教育学院等联合组织开展了“红色记忆”讲坛系列讲座活动。

“红色记忆”讲坛通过邀请知名专家、学者开设专题讲座，以学习党的思想、开展“两学一做”学习教育，弘扬伟大的长征精神和抗战精神为主要目的，让广大师生重温革命历史，传承红色基因，弘扬光荣传统和作风，增强党性修养、锤炼道德品行，进一步发挥铸魂育人作用。

第一讲　坚持马克思主义指导地位

主讲人：邓纯东教授（中国社会科学院马克思主义研究院党委书记、院长）

邓纯东教授认为“今天的中国已成为世界第二大经济体，世界第一贸易大国和制造业大国。我们愈来愈走向世界舞台的中心，愈来愈接近100多年来仁人志士们为之努力的民族伟大复兴的梦想，靠的是什么？靠的就是中国共产党坚强、正确的领导。中国共产党之所以能排除万难，制定出正确的路线、方针和政策，实现正确的领导，就是因为坚持以马克思主义作为自己行动的指南，并且坚持把马克思主义与中国社会实际紧密结合，在推动发展的实践中实行理论创新，促进马克思主义中国化，发展中国化的马克思主义。马克思主义是中国100多年历史发生根本改变的思想根源，是中华民族由水深火热到振兴奋起走向富强的灵魂，是中国人民美好未来的思想保证。”

邓纯东教授对苏东剧变的根本原因进行分析，指出动摇马克思主义指导地位是苏东剧变的根本原因，是国际共产主义运动史上最惨痛的教训。他从理论到实践，从历史到现代、从国内到国外，融入了深度的思考和生动的语言，深入浅出，明确指出一个无产阶级政党和社会主义国家的衰亡，是从放弃正确的指导思想开始的。苏东制度剧变，不仅导致了这些国家的共产党、社会主义制度的悲剧，而且导致了这些国家、人民的悲剧，整个国家、民族和人民付出了惨痛代价。这个代价告诉我们的真理就是：马克思主义指导地位是社会主义国家人民的命运所系。

邓纯东教授指出，马克思主义是人类思想史上对人类文明进步产生影响最大的科学思想。尽管马克思主义诞生在100多年之前，但迄今依然有着强大的理论与实践生命力。在21世纪来临之时，马克思被西方思想界评为“千年第一思想家”。海尔布隆纳在《马克思主义：赞成与反对》中表示，要探索人类社会发展前景，必须向马克思求教，人类社会至今仍然生活在马克思所阐明的发展规律之中。实践证明，无论时代如何变迁、科学如何进步，马克思主义依然显示出科学思想的威力，依然占据着真理和道义的制高点。马克思主义指导地位是历史、现实、未来的选择，是人民根本利益的需要。

邓纯东教授还指出马克思主义指导地位的适用范围不仅限于哲学社会科学研究，不仅在思想理论工作、宣传文化工作中要坚持马克思主义指导地位；不仅在党的建设、党的各项工作中需要坚持马克思主义指导地位，而且在整个国家、社会生活、经济生活、文化生活中，在国家机关活动中、所有非党组织活动中都应坚持马克思主义指导地位。

邓纯东教授指出坚持马克思主义指导地位最紧迫的几个任务：坚持马克思主义指导地位，推进马克思主义中国化，应不断做好“结合”的文章，推进马克思主义理论的创新。第一，是马克思主义基本原理与当代中国的实际情况相结合。历史上在领导中国革命的实践中，由于忽视当时中国半殖民地半封建社会的实际，忽视在这个社会环境下中国各阶级的状况，而以教条主义态度对待马克思主义，完全照搬苏联十月革命经验，走中心城市武装暴动的道路走不通。毛泽东同志则坚持把马克思主义与中国实际相结合，认真分析中国社会实际、中国革命所处的环境，弄清中国社会各阶级在当时社会条件下的地位及对于革命的态度，由此找到中国革命的规律。今天，在新的历史条件和时代背景下推进马克思主义理论创新，实现马克思主义与当代中国社会实际的结合，首先必须认清我们所处的社会主义初级阶段这个最大国情，认清当代中国仍是最大的发展中国家，社会成员间有不同的利益诉求而形成利益多样化的格局，在此基础上也产生了形形色色的思想观念。与此同时，全球化不断加深，不仅经济全球化，而且是包括科技、教育、文化、思想观念等等在内。如何坚持发展和完善中国特色社会主义制度，推进中国特色社会主义伟大事业，我们必须根据时代特点，做好马克思主义与中国国情结合的文章，在这个结合中，找寻解决中国问题的思路和方案，实现理论的创新。

第二，是坚持马克思主义与中国优秀传统文化相结合。马克思主义中国化把马克思主义基本原理与中国的历史文化传统这个实际，包括民族特性、思维方式、生活方式特点等相结合。中国共产党成立以来，“中国革命、建设与改革的成功，其中一个重要原因就是我们党制定的路线、方针、政策适合了中国的民族特性、文化传统，避免了水土不服的问题。几千年形成的中国传统文化在中华民族的凝聚、国家认同、爱国主义传统观念形成中，发挥了重大作用。其中有些已经成为中华民族生生不息、绵延发展的精神纽带、文化血脉，对当代中国人的生产方式、生活方式、思维特点，对中华民族的民族性格起着重大影响作用。治理中国、发展中国必须考虑这些因素，推进中国特色社会主义理论创新，必须做好马克思主义与中国优秀传统文化结合这篇文章。”

第三，是要把马克思主义基本原理与党和国家的实践相结合。当代中国国情的重要内容是党带领人民推进中国特色社会主义建设的伟大实践，是党和国家的中心工作。把马克思主义与中国实际相结合，包括要与这个实践相结合。同党和国家发展社会主义实践的历史经验相结合。应研究总结党和国家在社会主义建设、改革、发展几十年来，包括中华人民共和国成立以来、改革开放以来的经验教训，不断形成关于中国特色社会主义制度建设与完善，中国特色社会主义事业改革与发展，中国特色社会主义理论探索与创新等经验和教训，形成规律性认识，丰富中国特色社会主义理论体系。与党和国家进行新的实践相结合。新的实践中的“五位一体”总体布局、“四个全面”战略布局，“两个一百年”奋斗目标，给我们提出了哪些要求，实现这些要求，应解决哪些问题，采取什么路径解决这些问题。应该在对以上问题的解决回答中丰富发展中国化的马克思主义。推进马克思主义中国化，做好“结合”的文章，还要进一步做好“四个分清”工作，即分清哪些是必须长期坚持的马克思主义基本原理，哪些是需要结合新的实际加以丰富发展的理论判断，哪些是必须破除的对马克思主义的教条式理解，哪些是必须澄清的附加在马克思主义名下的错误观点，以便更好地掌握马克思主义基本原理、基本观点、基本立场、基本方法。

第二讲　马克思主义中国化的百年浪潮

主讲人：勒书君教授（广西师范大学马克思主义学院副院长、博士生导师）

靳书君教授从马克思主义中国化的含义、历史演变以及重要意义三个方面的内容阐述马克思主义在中国传播过去 100 多年的历史，中国共产党奋斗的 90 多年中，对马克思主义的运用、创新，强调习近平总书记系列重要讲话及社会主义核心价值观是马克思主义中国化的具体体现，对当前党的建设中提升党员政治素质具有重要作用。

一、马克思主义中国化的科学含义、历史进程

靳书君教授从多年的研究成果出发，对马克思主义中国化的内涵进行深入浅出的讲解。他指出，内涵即中国马克思主义者把马克思主义基本原理与中国具体实际相结合，中国马克思主义者在选择、解读、诠释、补白和创造的过程中，现实需要、社会环境及其无可避免地沉浸于其中的文化传统，一起规定着中国化马克思主义的理论形象。靳教授从三个层面进行剖析：第一层含义是马克思主义基本原理与中国具体实践相结合。根据中国国情，运用马克思主义立场、观点、方法，形成具体的看得见、摸得着、可操作的路线、方针、政策、制度措施以及立法建议等，解决中国实际问题。马克思主义中国化的第二层含义，是马克思主义基本原理与中国文化传统相结合，进入中国人的日常生活，重塑中国人的价值观念，重建中华民族的精神家园。第三层含义就是马克思主义基本原理与中国实践相结合，毛泽东同志称之为“中国实际马克思主义化”，也就是说中国社会运行的实际规律，成了马克思主义理论的内在规律。马克思主义进入中国文化，激发传统智慧，根据国情做出决策解决实际问题，一直到决策反复实践，根据执行效果归纳在中国特定历史条件下的重复性现象，从而发现中国社会运行的具体规律，形成了新的理论体系，当然同时也是个文化体系，解决和回答了时代提出的根本性问题。

马克思主义中国化的形式可划分为传播中国和创新中华人民共和国两类。靳书君教授认为，马克思主义传播和创新的过程即是马克思主义基本原理同中国具体实践、中国文化传统、中国历史时代相结合的过程，如我们党实现了马克思主义基本原理同中国具体实际相结合的两次重大历史性飞跃。第一次飞跃发生在新民主主义革命时期，形成了马克思主义中国化的第一个理论成果——毛泽东思想，第二次飞跃发生在改革开放和社会主

义现代化建设时期，形成了马克思主义中国化的第二个理论成果——中国特色社会主义理论体系，中国特色社会主义理论体系包含邓小平理论、“三个代表”重要思想和科学发展观等马克思主义中国化的新理论成果。

二、马克思主义中国化的重要意义

马克思主义中国化既具有理论意义，又具有实践价值，对当前党建工作和社会发展都具有很强的现实意义。一是推进了马克思主义的理论创新。毛泽东思想系统地回答了中国革命的对象、任务、动力、领导阶级、道路、前途、步骤以及转变等一系列基本问题，它还对中国社会主义建设道路进行了积极的探索，并取得了初步的成果。在关于新民主主义革命、关于社会主义革命和社会主义建设、关于革命军队的建设和军事战略、关于思想政治工作和文化工作、关于党的建设等方面，以独创性的理论丰富和发展了马克思主义。邓小平理论在马克思主义思想史上第一次提出了社会主义初级阶段理论、社会主义本质理论、社会主义市场经济理论，第一次提出了东方落后国家社会主义建设的中心任务理论、改革开放的发展战略和发展道路、政治建设模式和精神文明建设模式及判断各项工作得失成败的“三个有利于”价值标准。“三个代表”重要思想创造性地提出了市场经济体制、基本经济制度的思想，关于按劳分配为主体、多种分配方式并存的思想，关于文明、法治的思想等。科学发展观，在中国特色社会主义发展史上及科学社会主义发展史上，都具有不可低估的创新价值。二是实现党的指导思想的与时俱进。三是实现马克思主义理论的本土化。四是推进了科学社会主义理论的发展。

马克思主义中国化的实践价值就在于解决不同时代中国面临的中心课题。马克思主义中国化促进了中国政治的进步和发展，促进了中国经济的进步和发展，促进了中国文化的进步和发展。

三、习近平治国理政思想与马克思主义中国化

靳书君教授通过对党的十八大以来习近平总书记系列重要讲话分析，认为以习近平同志为核心的党中央毫不动摇地坚持和发展中国特色社会主义，提出了一系列新的思想理念，形成了一系列治国理政新理念新思想新战略，促进了马克思主义中国化的新发展、新高度。一是运用马克思主义立场观点方法分析和解决问题的典范榜样。习近平总书记系列重要讲话贯穿了一条一脉相承、一以贯之的红线，这就是马克思列宁主义、毛泽东思想和中国特色社会主义理论体系所贯穿的基本立场、基本观点、基本方法，这就是马克思主义哲学世界观、方法论，这也是贯穿于习近平总书记系列重要讲话中的活的灵魂和精神实质。深入学习贯彻习近平总书记系列重要讲话精神，最根本的是学习讲话贯穿的思想精髓即科学世界观、方法论，学会用马克思主义的立场观点方法认识问题、分析问题和解决问题，不断提高马克思主义理论素养和运用马克思主义处理问题的能力。二是对关系中国特色社会主义前途命运一系列重大问题的科学回答。习近平总书记系列重要讲话，运用马克思主义立场观点方法，对中国特色社会主义的重大理论和现实问题给予明确回答，提出并形成了一系列富有创建的新思想、新观点、新论断、新要求、新举措，进一步升华了我们党对执政规律、社会主义建设规律、人类社会发展规律的认识，是对中国特色社会主义理论体系的进一步丰富、发展和创新，是推进马克思主义中国化、时代化和大众化的重要文献。三是坚持和发展中国特色社会主义的政治宣言。习近平总书记发表的一系列内涵极其丰富的重要讲话，对事关中国特色社会主义前途命运的重大问题做出了十分肯定的政治结论。这些重要讲话，为治党治军治国理政提供了基本遵循，是高举中国特色社会主义旗帜的政治宣言，是坚定不移地走中国特色社会主义道路的行动纲领。对于全党在

一系列重大问题上统一思想、统一行动起到了至关重要的把关、定向、凝心、聚力作用。

靳书君教授从核心价值观的内容等各方面进行阐发，阐明社会主义核心价值观是马克思主义中国化的具体体现。他指出，坚持马克思主义中国化是保障事业成功的基础，是凝聚全国人民理想信念的重要方式。

第三讲　弘扬民族精神、坚定核心价值

主讲人：罗大明教授（电子科技大学马克思主义教育学院博士生导师）

罗大明教授围绕“弘扬民族精神、坚定核心价值”主题，深刻阐述了教师的人格修养与价值追求的内涵与意义。罗大明首先从“甲午战争中国败在哪里?”这一问题出发，谈到甲午战争时期清政府与日本政府之比较，再从中国人民抗日战争之胜利，谈到中国人民抗日战争的伟大抗战精神是以爱国主义为核心的优秀民族精神的时代体现，是中华民族弥足珍贵的精神财富和取之不尽的力量源泉。他认为，今天的世界竞争，大至国家、民族，小至团队、群体，既表现为先进的科学技术、强大的军事实力，雄厚的资本的竞争，又表现为文化和精神的竞争。而文化的核心是精神，精神的核心是信仰，提升团队文化力，要培养团队的共同价值目标。他引据经典阐明文化的核心是精神，精神的核心是信仰，道德修养的核心问题是树立正确的价值观。利用感人案例和自身经历阐述了在市场经济多元文化下，高校教师应坚持践行社会主义核心价值观，从文化力和精神、人格、道德修养等方面加强自身修养，落实教书育人的责任。

罗大明教授向大家诠释了什么是人格魅力，塑造健全人格的重要性，以及如何塑造自己健全的人格，使我们更加明确了今后为塑造健全的人格而努力的目标和方向。罗教授告诉大家要通过继承前辈合理的价值观，树立自己正确的价值取向，提高自己的人格修养。现今社会存在着多元化的价值观，如果没有正确的价值取向，我们对是非、善恶、美丑就会分辨不清，没有客观的判断。在有限的大学生活中，作为学生应该不断地充实自己，增加自己的知识积累，最终实现自我价值。罗教授说，现在的就业形势非常严峻，大家更应该主动地积累知识，提高自己的不可替代性，为今后就业做好充分准备。罗教授还告诉我们，要先就业再择业，要以发展的眼光看待事物。

罗大明以中科院院士、核物理学家赵忠尧和著名抗日民族英雄杨靖宇等慷慨悲歌、惊天动地的革命精神为例，诠释了文化的核心是精神。以毛泽东参加重庆谈判为例，结合毛泽东思想，诠释了精神的核心是信仰。他认为，共同信仰要加强团队的人格修养，道德建设，追求共同的价值目标。作为一个团队，首先是加强领导者的人格修养，其次是注重道德建设。道德素质的核心引领是树立正确的人生观价值观。党的十八大提出，倡导富强、民主、文明、和谐，自由、平等、公正、法治，爱国、敬业、诚信、友善，积极培育和践行社会主义核心价值观。罗大明希望各位同志践行社会主义核心价值观，发扬梁思礼、邓稼先等老一辈的奉献、牺牲、责任等精神。罗大明说到，在思想政治教育工作中，高等学校扮演着重要角色，老师们起着举足轻重的作用，需经受得住考验，每位党员同志要树立坚定的信念，团结在以习近平同志为核心的党中央周围，自强不息，迎接挑战，谱写社会主义新篇章。

罗大明教授的报告围绕人格的内涵和外延、继承和发扬老一辈无产阶级革命家的价值观以及当今社会需要树立什么样的价值观三个方面展开。罗教授语言幽默诙谐，博闻强识，把历史人物、社会事物和人生体验融入其中，将领导者的人格修养这一看似抽象、枯燥的话题阐释得十分透彻，并通过大量实际生动的案例，深度解析了历史上各种不同的人生价值观念；并从加强人格修养、知识修养，弘扬老一代人“奉献、牺牲、责任”的革命精神，进而坚定新时代领导者的理想信念，提出了自己的见解。罗大明教授结合众多历史人物的人生追求和道德评价之后，指出人格中最重要的是道德素质，而道德素质的核心是正确的人生价值观。他以老一辈无产阶级革命家和科学家的先进事迹及价值取舍为例，号召大家在多元化价值观的当今社会中，仍要坚持传承社会主义核心价值观。他希望广大老师、同学树立远大理想、努力提升人格情操，主动积累知识，把个体的命运与国家、民族的命运息息相关，勇担时代责任。“多难殷忧新国运，动心忍性希前哲”，罗大明教授以朴实真挚的爱国情怀，深厚扎实的理论功底，博古通今的知识视野，脱口成诵的人文素养和生动幽默的语言表达赢得了在场师生的阵阵掌声。他以自身成长经历为例，倡议思政课教师弘扬以爱国为核心的民族精神，加强以德为先的人格修养，经受住多元价值观的冲击，树立社会的标杆，以满满的正能量影响、感化、教育学生，来培养合格的社会主义事业建设者和接班人。

第四讲 学“七·一讲话”，做合格党员

主讲人：罗平汉教授（中央党校党史教研部副主任）

罗平汉教授重点解读了习近平总书记在建党95周年上发表的重要讲话精神，他指出，讲话全面总结我们党团结带领中国人民不懈奋斗的光辉历程、伟大贡献和历史启示，深刻阐述不忘初心、继续前进必须牢牢把握的八方面要求，对全党在新的历史起点做好党和国家各项工作，指明了前进方向，明确了行动指南。讲话气势恢宏、意蕴深厚、体大思精，充分展现了共产党人的本色初衷、雄心壮志和使命担当，是引领党和人民事业不断发展的重要纲领性文献，为决胜全面小康、实现中国梦凝聚起了必胜信心和磅礴力量。

“不忘初心、继续前行”是这次讲话的中心，理解“七一讲”话精神必须首先理解好这“不忘初心、继续前行”。

一是要坚持马克思主义的指导地位，坚持把马克思主义基本原理同当代中国实际和时代特点紧密结合起来，推进理论创新、实践创新，不断把马克思主义中国化推向前进。当前，面临国际国内形势的严峻考验。中国共产党怎样才能够继续前进？怎样才够在21世纪长期执政？在这样一个重大历史关头，怎样建设中国特色社会主义，建成小康社会？在世纪之交，以江泽民同志为代表的中国共产党人继续进行理论创新，形成了“三个代表”重要思想。经过“三个代表”重要思想的贯彻和实践，在2003年的时候，面对长期发展积累的一些问题，以胡锦涛同志为代表的中国共产党人继续解决当时出现的一些突出问题，提出了科学发展观。中共十八大以后，我们党的事业发展又进入一个非常重要的全面建成小康社会阶段。以习近平同志为代表的中国共产党人继续发展马列主义，继续发展毛泽东思想，坚持科学社会主义的基本原理，把马列主义、毛泽东思想和当代新条件下中国的实际相结合，进一步形成了马克思主义中国化的最新成果，形成了新的系列讲话的体系。这是指导中国建设事业继续发展的法宝。

二是要牢记我们党从成立之初就把为共产主义、社会主义而奋斗确定为自己的纲领，坚定共产主义远大理想和中国特色社会主义共同理想，不断把为崇高理想奋斗的伟大实践推向前进。成千上万的先烈也是为了社会主义和社会主义的理想信念而流血牺牲。他们为我们树立了崇高的榜样，是我们至今要铭记和永远学习的榜样。在长期执政的今天，中国共产党面临着严峻的考验，只有坚定共产主义的远大理想和中国特色社会主义的共同理想，我们才能够继续前进。

三是要坚持中国特色社会主义道路自信、理论自信、制度自信、文化自信，坚持党的基本路线不动摇，不断把中国特色社会主义伟大事业推向前进。中国特色社会主义是由道路、理论、体系和制度来构成的。中华人民共和国成立 60 多年、改革开放 30 多年来的实践已经证明，我们现在所坚持的道路、理论体系和制度是具有优越性的，是坚持马克思主义、科学社会主义基本原理的，是符合中国社会发展规律的。自信非常重要，有了自信，我们才能进一步前进，才能够战胜能够想象得到和想象不到的艰难险阻。

四是要统筹推进“五位一体”总体布局，协调推进“四个全面”战略布局，全力推进全面建成小康社会进程，不断把实现“两个一百年”奋斗目标推向前进。现在我们全党正在为“两个一百年”的目标而奋斗，中国共产党领导的中国特色社会主义的优势就是集中力量办大事，按照一个目标，几代人不断努力实现这个战略目标，这是我们的优势。我们相信在以习近平同志为核心的党中央领导下，能够在中国共产党成立 100 年的时候实现全面建成小康目标，最终实现中华民族伟大复兴，在中国共产党成立 100 周年时实现社会主义现代化国家的目标。

五是要坚定不移高举改革开放旗帜，勇于全面深化改革，进一步解放思想、解放和发展社会生产力、解放和增强社会活力，不断把改革开放推向前进。要以勇于自我革命的气魄、坚韧不拔的毅力推进改革，敢于向积存多年的顽瘴痼疾开刀，敢于触及深层次利益关系和矛盾，坚决冲破思想观念束缚，坚决破除利益固化藩篱，坚决清除妨碍社会生产力发展的体制机制障碍。

六是要坚信党的根基在人民、党的力量在人民，坚持一切为了人民、一切依靠人民，充分发挥广大人民群众积极性、主动性、创造性，不断把为人民造福事业推向前进。习近平同志把人民立场概括为是中国共产党的根本政治立场，这是非常有意义的。我们在今后的工作中，要把人民的位置放在最高位置，坚持全心全意为人民服务的根本宗旨，在新的历史条件下为人民服务，带领人民创造幸福生活。中国共产党依靠人民，和人民紧密联系在一起，还要尊重人民的主体地位，保证人民当家做主，把这些一贯主张变成现实，发展人民民主。

七是要始终不渝走和平发展道路，始终不渝奉行互利共赢的开放战略，加强同各国的友好往来，同各国人民一道，不断把人类和平与发展的崇高事业推向前进。中国外交政策的宗旨是维护世界和平、促进共同发展。

八是要保持党的先进性和纯洁性，着力提高执政能力和领导水平，着力增强抵御风险和拒腐防变能力，不断把党的建设新的伟大工程推向前进。95 年的历史已经证明，没有共产党就没有中华人民共和国，没有中国共产党就没有社会主义的中国。怎么样把党建设得更好？十八大以来，我们进行了全面从严治党的理论创新和实践。在这几年过程中，我们在党的集中教育方面，开展了党的群众路线教育实践活动，开展了“三严三实”主题教育；在党内法规和制度建设方面，也做出了巨大的努力；在反腐败方面、在党风建设，也取得了比较明显的成效。但是，党的建设是一个长期、艰巨的任务。只有长期地抓下去，把党的建设抓好，才能够保证共产党始终是中国人民建设中国特色社会主义的领导核心，才能够长期执政。

“不忘初心、继续前行”再次全面阐述了共产党人的精神境界和价值追求，是共产党人党性的集中表现。任何一名共产党员都应该牢记这“不忘初心、继续前行”，不断增强自己的党性修养，成为一名合格的共产党员。

第一，要坚定理想信念。一个党员是否讲党性，表现出来的是言论、是行动，是思想作风、工作作风和生活作风，但起决定作用的是理想信念，是世界观、人生观和价值观。坚定理想信念，必须以马克思主义理论的思想利器来武装自我，加强理论学习，要真学、真懂、真信、真用马克思主义和马克思主义中国化理论成果，不断强精神之气，固思想之元。掌握马克思主义的立场、观点和方法，做共产主义理想的坚定追求者，马克思主义的真正信仰者，中国特色社会主义的忠实践行者。有了坚定的理想信念，站位就高了，眼界就宽了，心胸就开阔了，从而就能坚持坚定正确的政治方向，做政治上的明白人，就能树立大局观念，做到正确认识大局、自觉服从大局、坚决维护大局。

第二，要坚持实事求是。一切从实际出发，理论联系实际，实事求是，在实践中检验真理和发展真理，是中国共产党的思想路线。共产党人讲党性，必须自觉遵循这条思想路线。敢不敢坚持实事求是，考验着一个共产党员特别是党员领导干部的政治立场和道德品质，始终是领导干部党性纯不纯、强不强的一个重要体现。要做到实事求是，不仅要有正确的思想方法和工作方法，还必须有公而忘私和不计个人得失的品格。

第三，是要密切联系群众。全心全意为人民服务是中国共产党的根本宗旨，能否树立为人民服务的意识，践行党的群众路线，与群众建立密切的联系，自觉维护最广大人民的根本利益，是检验一个共产党员是否讲党性的标准之一。中国共产党以全心全意为人民服务为根本宗旨，代表中国最广大人民根本利益。共产党员是来自各个社会阶层的先进分子，是劳动人民中的普通一员。坚持党性就是坚持人民性，坚持人民性就是坚持党性，党性寓于人民性之中，没有脱离人民性的党性，也没有脱离党性的人民性。

坚持人民性，就是要把实现好、维护好、发展好最广大人民根本利益作为出发点和落脚点。共产党员在任何时候都必须把群众利益放在第一位，同群众同甘共苦，保持最密切的联系，坚持权为民所用、情为民所系、利为民所谋，不允许任何党员脱离群众，凌驾于群众之上。要时刻将群众的安危冷暖放在心上，特别是通过制定正确的路线方针政策去维护好、实现好、发展好最广大人民群众的根本利益。

第四，要守纪律讲规矩。中国共产党从建党之初的几十名成员，发展到今天的8700多万党员，取得了中国革命的胜利，建立了社会主义制度，形成和发展了中国特色社会主义，一个重要的原因，就是党历来十分重视纪律建设。对共产党员来说，守规矩无疑首先要遵守党章。入党誓词中便有“拥护党的纲领，遵守党的章程”的内容，即是说拥护党纲、遵守党章，是一个共产党员的起码条件，也是加入党组织时的承诺，更是党性的重要体现。因此，广大党员特别是党员领导干部要自觉学习党章、遵守党章、贯彻党章、维护党章。同时也要自觉地学习党内法规，学习宪法法律，形成对法纪的敬畏，树立法治意识、制度意识、纪律意识，做到懂法纪、讲规矩，知敬畏、存戒惧。

第五讲 桂林红色之路

主讲人：彭敏翎（桂林市“庆七一 迎十九大”党史国史宣讲活动专家，桂林市委党史研究室副主任、主任编辑）

彭敏翎以桂林红色文化的演变发展历程为主线，结合大量史料，全面深入地介绍了中共桂林地方组织在大革命洪流、土地革命、抗日战争、解放战争时期的诸多重大事件，并用生动的语言讲述了在桂共产党员和桂林籍共产党员在革命和抗战过程中忠诚于党、勇于牺牲的诸多英雄事迹。

她讲述到，桂林第一个中国共产党组织——桂林县支部干事会的建立，点燃了桂林红色之火。1921 年 7 月 23 日，中国共产党第一次全国代表大会在上海召开，宣告中国共产党成立。1925 年 10 月下旬，中共梧州支部成立，这是广西建立的第一个中国共产党支部。1926 年 7 月下旬，中共桂林第一个支部——桂林支部干事会建立。当时，整个支部只有六名中共党员，有李血泪（两江人）、粟丰（渡头人）两名桂林人。1926年7月下旬，桂林第一个中国共产党组织桂林县支部干事会在皇宫街的文庙（今榕湖北路市直办公大院内）建立，李征凤任书记，罗瑞成任组织干事，苏鸿基任宣传干事，共有党员十名。桂林县支部干事会建立后，组织群众开展政治的、经济的、文化的反帝反封建斗争，进一步推进了桂林的大革命形势。同时还安排党员到灵川、永福、阳朔等县进行革命宣传活动。桂林县支部干事会在斗争中不断壮大，吸收了县工会、小教联、学联会和妇女协会等群众组织的骨干入党，并着手在等基层行业工会发展工人入党。至1927年4月，党员由成立时的10名发展到了18名，共青团员由8名发展到40多名，汇聚了李征凤、罗瑞成、谢铁民、苏鸿基、胡佩文等一批怀揣革命理想、充满热血的共产党员。在他们的组织带领下，公开宣传革命，广泛发展工人、农民运动，为中共桂林地方组织的建立奠定了思想基础和群众基础。由此可见，在革命早期，桂林党支部、共产党员从无到有，发展过程不断壮大，印证了星星之火可以燎原。正是这样的萌芽，点燃了桂林红色之火。

她描述道，在党支部发展过程，充满着破坏与牺牲，革命烈士用鲜血换来了胜利。正当革命形势呈现良好发展态势之时，以蒋介石为首的国民党右派分共，背叛孙中山先生的三民主义。国民党方面接连发动了“四一二”和“七一五”反共事件。1927年“四一二”反革命政变后的4月和7月，李征凤、苏鸿基、谢铁民、赵世杰、汤显达、廖骏等七名共产党员先后被捕，桂林第一个党组织遭到严重破坏。但是，中共桂林地方组织在曲折中顽强地坚持，一直没有倒下，从1927年大革命失败到1936年抗日统一战线建立，这十年间，党组织在桂林所进行的秘密斗争艰苦卓绝，共产党人冒着随时被捕牺牲的危险，坚持着他们的理想和信仰，成为我党在最困难时期求生存、求发展、顽强奋斗的艰苦历程的一个缩影。

她在讲座中重点提到八路军桂林办事处。在抗日战争爆发期间，八路军桂林办事处发挥了巨大作用。1938 年 11 月，在周恩来、董必武、叶剑英的组织领导下，党决定在桂林建立一个采运军用物资、传递情报信息，同时负责统战和交通工作的办事机构。经过周恩来耐心做国民党桂系集团的统战工作，1938 年 11 月下旬，八路军桂林办事处成立，李克农任办事处主任。主要工作任务包括领导广西党组织，联络华南各省党组织；领导桂林抗日文化运动，肩负开展抗日民族统一战线工作的重要使命；筹运军需物资等。在八路军桂林办事处存在的两年多时间里，其出色地履行了使命，成为西南大后方抗日统一战线的中流砥柱。其所产生的深远政治影响，为后来桂林地区抗日进步势力的继续发展以及抗日文化运动在桂林的持续繁荣，准备了条件和力量。

1938 年至 1944 年，文化抗战在桂林掀起，云集桂林的大批文化人和文化团体在中国共产党领导下广泛开展抗日救亡文化运动，造就了著名的抗战文化之都。1938 年后，先后在桂林活动的文艺人士、学者有 1000 多人，郭沫若、茅盾、巴金、夏衍、柳亚子、徐悲鸿、田汉、艾青、贺绿汀、陶行知、邹韬奋、李四光等都在桂林留下了他们光辉的足迹，使得桂林“文人荟萃，书店林立，新作迭出，好戏连台”。

她认为，桂林抗战文化极其繁荣，形成北有延安、南有桂林的局势。有史料记载当时的桂林：“西南以至全国的精神食粮，三分之二由此供应也没问题。”1938 年至 1944 年，桂林先后开办过 178 家书店和出版社，出版了图书 2000 多种，杂志 200 多种。当时桂林中山南路 16 号有个生活书店桂林分店，是桂林出版和经销进步书刊规模较大的书店之一，每天顾客盈门，络绎不绝，不仅门市业务经久不衰，到 1940 年底，其邮购读者更达到 8000 户左右。60 多平方公里土地，有 300 多个剧团，16 个合唱团从四面八方会集到市中心体育场，8000 人合唱《义勇军进行曲》《毕业上前线》《大刀进行曲》《在太行山上》《游击队之歌》《黄河大合唱》等歌曲。《黄河大合唱》第一次在国统区公开演唱就是在桂林。其中，西南剧展3个月175场，桂林人每天有戏看，每天有几场戏看。抗战文化影响很大，抗战研究会收到来自美国、中国香港的论文。毛泽东著作如《论持久战》《新民主主义论》《在延安文艺座谈会上的讲话》的传播和抗战歌曲的传唱，成了桂林抗战文化的重要组成部分。

她描述了桂林学生弃笔从戎的故事。广西省立桂林师范学校学生在抗日洪流中，投笔从戎。临阳联队、灵川抗日政工队的领导及成员都有桂师的学生，特别是灵川抗日政工队，是在桂师暑期抗日宣传队基础上建立的，大多数成员都是桂师学子。解放战争期间，200多名桂师学生成为桂北游击队的骨干，为革命的胜利奉献了热血和青春。

她讲述了桂北游击队浴血奋战，揭开解放广西的序幕的经历。桂北游击队活跃在桂林市周围10个县的广大城镇和乡村，建立了近100万人口的游击区，在敌人统治的后方开辟了第二战场，形成了对桂林市包围夹击的战略态势。在中国人民解放军即将发起广西战役时，桂北游击队及时与解放军取得联系，提供广西情报，并派人到解放军部队分别向各级指挥员介绍情况。解放军进入桂北后，为迎接解放军，追歼敌人，桂北游击队发动群众成立支前组织，组织大量粮食等物资供应解放军，并派游击队员为大军当向导，组织群众修路架桥、运输物资、维持社会治安，做了大量支前工作。桂北游击队积极配合作战，率先解放全州县城。在残酷的武装斗争中，两年半时间，桂北游击队付出了360人的牺牲，为革命的胜利付出了巨大代价。

桂林解放历程。1949年11月7日，人民解放军解放广西的战役打响。1949年11月17日，桂北人民解放总队第一、三、六大队配合解放军第41军第123师解放全县（今全州）县城，揭开了人民解放军解放广西的序幕。11 月 22 日，中国人民解放军第四野战军第 41 军第 123 师与桂北人民解放总队第 11 大队进入桂林市区，桂林解放，桂林市城区上空，升起了鲜艳的五星红旗。据老同志回忆，桂林解放时，市区共插上了两面五星红旗，一面在十字街，一面在象鼻山对面的街道。这两面五星红旗，是陈光被捕后，桂林地下党员高天梅和广西艺术专科学校的进步师生，冒着生命危险制成的。12 月 17 日，桂林地市最后一个县城百寿县城解放。12 月下旬，随着桂林地区各县委、县人民政府全部建立，并相继开展工作。桂林地市被国民党统治的历史宣告结束。

最后，她描述了桂林红色之路发展历程。中共桂林地方组织在大革命洪流中诞生，在土地革命战争时期在艰苦曲折中坚持，在抗日战争时期领导抗日文化工作和抗日武装斗争，在解放战争时期发动城市民主运动和农村武装斗争迎接解放。桂林红色文化彰显桂林的人文精神，彰显桂林文化的爱国奉献精神，桂林的崇文尚智之风添上了名垂青史的一笔，始终影响着桂北区域乃至更大范围的过去、现在和未来。桂林对全国革命和抗战的贡献是非常突出的，桂林共产党人革命和抗战的英勇事迹值得我们永远铭记，桂林的红色历史文化更是我们今天宝贵的财富。

红色文化是桂林旅游资源的重要组成部分，今后，桂林旅游学院将积极挖掘和宣扬红色文化，为推动桂林和广西地区红色旅游事业的发展做出贡献。

第六讲 传承长征精神，坚定理想信念——桂北湘江战役

主讲人：黄利明（桂林市委党史研究室）

黄利明同志介绍红军长征的背景和意义，重点讲述了红军突破敌军第四道封锁线，血战湘江的历程。黄利明通过大量的图片、丰富的史料描述了湘江战役阻击、抢渡、奋战的全过程，并用生动的语言讲述了湘江战役中红军们英勇奋战，不畏牺牲的英雄事迹和所展现出的伟大革命精神。

黄利明同志首先介绍了长征的背景和原因。1931 年，日本驻中国东北侵略军有预谋地挑起“九一八事变”，至 1932 年 2 月，整个东北沦陷。日本正式成为中华民族的首要敌人。全国群众性的抗日救亡运动很快在全国兴起。而国民党蒋介石实行“攘外必先安内”政策，连续对中央苏区展开一次比一次规模更大的“围剿”。1930 年 10 月—1933 年秋，国民党蒋介石对中央苏区发动了五次“围剿”。前四次中央根据地取得了胜利。第五

次，蒋介石调集100万军队，亲任总司令，采用德国顾问的“堡垒政策”，向中央根据地发动第五次“围剿”。由于党内王明“左”倾错误的严重危害，中共临时中央主要负责人博古和掌握了中央红军指挥大权的共产国际顾问李德不熟悉中国国情，背弃毛泽东、朱德的游击战法，搞不切实际的指挥，主张拒敌于根据地之外，命令红军全线出击。红军屡战不胜。1934年4月，广昌县失守，中央苏区第五次反“围剿”已无希望，党中央和红军被迫考虑战略大转移——长征。

其次，黄利明同志重点讲述了湘江战役的背景和过程。湘江战役是关系中央红军生死存亡的一战。1934年11月下旬，中央红军连续突破国民党军队三道封锁线到达湘南。蒋介石判明中央红军的意图：沿着红六军团的行军路线入桂，经全州、兴安间渡过湘江，向湘西转移。蒋介石调集26个师77个团近30万人，以湘江为屏障，在灌阳、全州和兴安三县地域精心部署了第四道封锁线，设置一个口袋阵，逼迫红军在湘江东岸决战，企图依其数量和装备上的优势将中央红军一举歼灭。

红军为突破封锁线，渡过湘江，采取了抢渡方式，并开展阻击战役，保护队伍过江。抢渡过程中，一是抢渡大坪渡口。大坪渡口北距湘江下游的全州县城30公里。11月27日，红一军团部率红二、六团从大坪渡口渡过湘江，红四、五、六团控制了湘江沿岸渡口，由于湘军先一小时占领了全州，并在鲁板桥与红五团前锋发生遭遇战，红五团退回离县城16公里的脚山铺地域，在桂黄公路两侧山头布置阻击阵地。红一军团前锋部队和军团指挥部是湘江战役中最早渡过湘江的部队。二是抢渡屏山渡口。屏山渡口位于全州枧塘乡金屏村东北面的湘江两岸，离县城仅10公里，距湘江战役三大阻击战场之一的脚山铺3公里多。11月27日，红五团从此堰坝处涉渡湘江。脚山铺阻击战打响后，红一军团部命令配合红五军团断后的红一师第一、三两个团归还建制赶到脚山铺。11月28日，红一师从湖南道县的潇水西岸出发，以一天半时间日夜兼程急行军 100 多公里赶往脚山铺参战。30 日凌晨，红一师乘夜幕从屏山渡下游堰坝处涉渡过湘江，进入脚山铺阵地，与红二师共同阻击湘军。红一师两个团是唯一一支从屏山过湘江的队伍。三是抢渡界首渡口。界首渡口位于界首镇老街北端的湘江下游处，南距兴安县城约 15 公里，北距全州县城约 45 公里，是湘桂往来的重要古渡。界首渡口河面宽数十米，水深流急，两岸都有山林，便于隐蔽。而且渡河后直接西行两公里就是桂黄公路，横过公路再行二三公里就能进入安全的越城岭地域。中央红军长征抢渡湘江，界首渡口是最理想的渡口之一，中革军委决定在界首渡口架设浮桥，确保中央和军委机关从界首安全过江。11 月 27 日，红一军团第二师第四团抢占了界首渡口，晚上，红三军团第四师接防。红军占领界首后，工兵部队在当地群众的大力支持与帮助下，用木船、木板、毛竹和油桶在湘江上架设浮桥，并多次将被敌军飞机炸毁的浮桥修复，保证了机关所在的军委两个纵队顺利跨过湘江。为避开敌机轰炸，军委纵队特意选择在早、晚时间过江。30 日拂晓时分，军委第一纵队从界首渡口浮桥过江。黄昏时分，军委第二纵队再从浮桥过江。四是抢渡凤凰嘴渡口凤凰嘴渡口位于全州凤凰乡和平村委湘江两岸，属湘江古渡。清代以前曾在这里设建安司，为农产品货物集散地。因泥沙沉积河床变浅，凤凰嘴一带上下数公里河水平缓，可以涉渡。此处主要是后续部队红八、九军团涉渡处。11 月 30 日，国民党桂、湘军南北夹击，急欲封锁湘江，湘江战役进入到最关键时刻。而此时，由于中央和军委机关组成的两个纵队辎重缠身，导致行动迟缓，中央红军 12 个野战师中还有 8 个师未过江，未能实现全军在 30 日全部渡过湘江的原定计划，形势十分危急。红八军团原定跟随中央机关之后从界首浮桥过江，但那里水深流急，一旦浮桥被炸，在寒冷的冬季泅渡过江很困难。为避免更大损失，也为抢时间，12 月 1 日凌晨 1 点 30 分，军委命令所有江东部队到凤凰嘴一带涉渡湘江。当日，中央红军第九军团、红五军团第十三师、红八军团先后急行至江边涉渡过江。凤凰嘴渡口是牺牲红军最多的渡口。

抢渡路上和抢渡过程中，红八、九军团接连遭到敌人地面部队追杀截击和空中敌机的狂轰滥炸，场面惨烈，损失十分惨重。至 12 月 1 日晚上止，中央红军除红三军团第六师第十八团、红五军团第三十四师被敌切断无法过江外，其余部队都已渡过湘江。

在阻击过程中，一是新圩阻击战。新圩位于灌阳县城北面约 13 公里处，是恭城县和灌阳县城通往全州和湘江的必经之路，西北面不远的古岭头一带是红军抢渡的枢纽地域，新圩与往南数公里间的杨柳井、排埠江、枫树脚之间连绵的丘陵紧紧扼住贯穿其中的公路，守住新圩才能保证红军抢渡通道左后翼的安全。11 月 26 日，中央军委命令红三军团第五师立即赶到新圩，阻击由恭城、灌阳北上的桂军，不惜一切代价，全力坚持三至四天。红五师接到命令后，师长李天佑（广西临桂县六塘镇人）、政委钟赤兵即率领十四、十五团及军委“红星”炮兵营星夜赶赴新圩，于 27 日下午 4 时到达杨柳井、排埠江一线，依托公路两侧山头构筑了阻击阵地。师指挥所设在距离前沿阵地一二公里的杨柳井村左侧山头上，炮兵营配置指挥所附近山头，临时战地医院设在下立湾村，后勤部设在上立湾村。在红军抢占阵地的同时，由桂军十五军副军长夏威率领的桂军七个团赶到灌阳县城，旋即占领马渡桥的狮子山进入阵地。28 日拂晓，战斗打响。桂军在炮火掩护下，发动大规模的正面进攻和迂回攻击，至当晚占领了红军前沿阵地的几个小山峰。29 日，战斗更为激烈。桂军增派六架飞机在红军阵地轮番轰炸、扫射，发动大规模的立体进攻，在正面不断增加兵力，发起连续冲击，并派出小股部队迂回红军侧背。红五师与桂军展开了白刃战，反复争夺山头，伤亡很大：十五团团长、政委先后负伤，团长白志文负重伤后被误认为已牺牲，赶往火线代理指挥红十五团的师参谋长胡震、红十四团团长黄冕昌相继牺牲。团、营、连干部几乎全部伤亡。30 日凌晨 4 时后，将防务移交接防的红六师第十八团。红十八团接防后，12 月 1 日被桂军分割包围，仍顽强阻击至全团几乎全部阵亡。新圩阻击战，红五师及红十八团以巨大的代价，确保了中央机关和后续部队安全，人员损失超过 2000 人，红十八团全团 1000 多名指战员几乎全部壮烈牺牲。二是脚山铺阻击战。脚山铺位于全州县才湾境内，北距全州县城约 15 公里，南距中央机关所属的军委纵队过江的界首渡口 30 余公里。桂黄公路从此经过，与两侧绵延 2 公里的山岭交叉成十字形。公路东边是尖峰岭、双把牛角抱西瓜山、黄帝岭等，西边是米花山、怀中抱子山、冲天凤凰山、美女梳头岭等，山势北低南高。11 月 27 日晚，红一军团前锋占领从全州县屏山渡至界首的湘江所有渡河点。为保证军委纵队和各军团渡过湘江，红一军团第二师及第一师一个团在脚山铺地域构筑工事，阻击欲沿桂黄公路南下封锁湘江的湘军。29 日早上湘军在飞机大炮的配合下向红一军团前沿阵地发起波浪式进攻。军委总参谋部电令红一军团：12 月 1 日 12 时前，要保证决不让湘军突破白沙河，使总部和全野战军能顺利渡过湘江，突破敌人封锁线。12 月 1 日正午时分，红一军团终于等来中革军委的撤退电令，各部队交替掩护，退入西边山地。脚山铺阻击战是湘江战役中敌我双方投入兵力最多、伤亡最惨重的一场血战，牺牲 2000 多人。红一军团一、二师与湘军激战三天三夜，筑起了军委纵队和后续部队抢渡湘江的生命通道。三是光华铺阻击战。光华铺是界首至兴安县城之间桂（林）黄（沙河）公路边的一个村庄，南距兴安县城约 9 公里，北至界首渡口约 4 公里。村北是开阔的水田，另三面是起伏的山丘。占据它可北控界首镇及其湘江渡口，南制兴安县城，东观湘江，西进越城岭。界首渡口是中央机关的过江地点，它的安危关系着党中央的命运。11 月 28 日，红三军团开始正面阻击从兴安来犯的桂军，一直坚持到 12 月 1 日午后才撤离阵地。光华铺阻击战，红三军团挡住了桂军4个团的进攻，以牺牲近1000人的代价，完成了保护界首渡口安全、阻击桂军北上会合湘军封锁湘江的艰巨任务。两任团长在同一天牺牲。30日这一天，红十团团长沈述清阵亡，师参谋长杜宗美接任团长，也中弹牺牲。

抢渡和阻击过程中红军伤亡惨重。其中，红十八团因路途上遭敌机轰炸被耽搁未能接上红五师。越过防线的敌人返转分割包围红十八团，除团指挥员带领数人冲出包围渡过湘江外，红十八团其余1000余人在一天之内几乎全部战死于全州、灌阳交界地域。红三十四师长征出发时6000余人，95%以上是闽西子弟兵，进入桂北时有3000余人。作为最后一支抢渡湘江的部队，错过渡江时机，尚未达到江边，湘江已被敌人封锁，被阻于湘江东岸。12月2日，部队在全州文塘村遭桂军设伏，师政委程翠林及师政治部主任蔡中等1000余指战员阵亡。9日，部队离开桂北进入湘南时只剩下不到200人。在过牯子江时师长陈树湘腹部受伤，后被俘。参谋长王光道率余部坚持游击战一年多后弹尽粮绝，全部牺牲。整个战役，中央红军和中央机关人员由出发时的8.6万人锐减到3万余人。硝烟之后，当地百姓含泪在江边掩埋红军英烈3天，而更多的烈士则沉入江底。其惨烈空前，悲壮绝后。沿岸百姓不忍，传谚“三年不饮湘江水”“十年不食湘江鱼”。

最后，黄利明同志在评价中指出，湘江战役是中央红军突围以来最壮烈、最关键的一仗，粉碎了蒋介石围歼红军于湘江以东的企图，但付出了巨大的代价。湘江惨败直接导致在遵义召开中共中央政治局扩大会议。这次会议是红军四处碰壁身处绝境时召开的，从此中国革命一个杰出人物正式登上历史舞台，标志着红军翻开崭新的一页。长征充分体现了中国共产党和红军的优良传统和作风，是中国共产党人世界观、人生观、价值观的全面展示，长征精神是中华民族宝贵的精神财富。

主题四：伟大的抗战精神

第七讲　抗战中的桂林文化名城意象与意蕴

主讲人：黄伟林教授（广西师范大学文学院教授，博士生导师）

为纪念中国人民抗日战争暨世界反法西斯战争胜利70周年，引导和教育全校师生铭记历史、缅怀先烈、珍爱和平、开创未来，9月2日下午，我校邀请广西师范大学文学院教授、博士生导师黄伟林在图文信息中心金桂厅做主题为“抗战中的桂林文化城意象与意蕴”的专题讲座。

黄伟林教授从“意象——看得见的山水，意蕴——看不见的文化”两个方面展开讲座。他以火把、岩洞、书店街及戏剧城四个意象描述了抗战时期的桂林文化状况。通过火炬公唱大会的群情激奋，岩洞教育的薪火传承，书店街和戏剧城的繁荣昌盛，讲述了抗战时期的桂林对中华文化的保护和贡献。他指出，战争是政治、经济、文化集中到军事上的对决，文化就是勇气和意志，桂林文化城在抗战中肩负着文化的营救与传承，它推动着中华文明的持续发展。黄伟林教授指出，作为一座历史文化名城，桂林意象背后，隐藏着博大精深的意蕴，它是桂林文化城的精神和灵魂，是旅游业的文化资源，需要我们用心灵去体会、呵护和传承。

第八讲 抗战时期的广西（桂林）

主讲人：廖井丹教授（桂林旅游高等专科学校原党委副书记、副校长，广西老科协理事兼旅游外事委员会副主任，桂林市老科协副会长）

廖井丹教授从六个方面展开本次讲座，让听众全面了解了广西（桂林）在抗战时期的历史地位、文化地位和国际地位。

一、广西抗日备战最充分最全面

"九一八"事变以后的广西，1932 年起开展经济、政治、文化、军事四大建设（被称为模范省），抗日备战最全面最充分。主要体现在：1. 办民团、办学校。2. 全面抗战爆发之前，广西创设了 10 间兵工厂，生产枪支弹药、迫击炮等，进口德国步枪 6 万支。3. 与浙粤一起是全国 3 个最早成立航空军事学校、建立空军的省份，并附有大型飞机配件厂，到抗战爆发前拥有各式战机 60 架。4. 象鼻山上何宣将军 1934 年留下的石刻"西南保障”见证了当年广西四大建设的战略与担当。

二、广西国共合作抗日统一战线形成最早最有效

1934 年秋中共派宣侠父、谢和赓到广西，李宗仁、白崇禧派黄旭初到江西与潘汉年、何长工密谈；1935 年至 1936 年李、白派刘仲容多次北上，并会见了毛泽东；6 月 1 日，陈济棠、李宗仁、白崇禧以“中华民国抗日救国军”名义挥师北上抗日反蒋；6 月 8 日，毛泽东发表谈话，赞赏两广“勇敢的单独来抗日并打倒南京的屈辱外交，这是值得庆幸的壮举……西南抗日反蒋的军事行动，客观上是革命的与进步的行动”。1937 年 6 月，中共派张云逸为代表到桂林，与李、白以及四川刘湘的代表协商谈判，达成红、桂、川合作抗日救国的七条协定。

三、广西抗战出兵出将最快最多，作战最勇猛

广西在抗战中投入抗战的人多达 300 万，总数上仅次于四川，排名全国第二，但是以省居民人数与出兵人数的比例计，居全国第一（广西当时全省 1200 多万人，平均每 4 人就有一人投入了抗日战场）。广西还征募大批劳工，连同征募士兵人数达 450 万，占全省人口近 40%，为全国之最。全省牺牲的人数达 45—50 万。其中近 30 万桂军战士战死在抗日前线。

四、广西的两次会战最惨烈最悲壮

1939 年底到 1940 年初的桂南会战、1944 年 9 月到 12 月的桂柳会战，两次会战中的核心战役分别是昆仑关战役和桂林保卫战。日军回忆称这两次战役是在中国战场上“最惨烈”的，并指出“并非在于规模，而在于敌军之勇猛”。桂林是我国抗战中最后沦陷的一座省会城市，同时也是最早反攻光复、在日本投降前靠武力打下来的唯一一座省会城市。1945 年 6—

7 月的桂林反攻战，不仅是国军主力部队（包括桂军）的战斗，广大广西民众组成的自卫队、游击队纷纷加入协同作战，演绎了可歌可泣的抗战历史。

五、桂林文化城地位和作用最显著最独特

抗战中的桂林城“文武双全”，既是主战场又是大后方，既有壮烈的军事抗战，更有辉煌的文化抗战。成千上百的文化名人云集桂林，在中共桂林八路军办事处以及广西建设研究会的领导和影响下，开展了风起云涌的各种文化抗战活动，以西南剧展、出版大潮为代表的抗战文化高潮，使桂林这座西南小城成为举世瞩目、无可替代的大后方抗战文化中心、中华民族坚不可摧的精神堡垒。

六、桂林在抗战中的国际地位最突出

著名的美国陈纳德“飞虎队”1941 年进驻桂林秧塘机场，使其成为盟军最重要的空军基地之一；苏联空军援华志愿者将桂林作为重要基地，作为国军第五军高级参谋的巴布什金中校病逝并葬于桂林；1938 年国际反侵略运动大会中国分会广西支会在桂林成立；1939 年底在华日本人民反战同盟西南支部在桂林成立；越南抗日力量在桂林（广西）聚集，胡志明、范文同等越共领导人都在这里工作过；朝鲜革命党抗日义勇队、法国军事代表团、世界红十字会、缅甸华侨救护队等都在桂林驻扎或设立办事机构。美、英、荷、葡等国还在桂林设立领事馆或新闻处等机构；桂林（广西）的抗战得到国际上广泛的支持，也为世界反法西斯侵略战争的胜利做出了应有的贡献。

七、全章小结

红色文化是“五四运动”以来中国先进文化的代表，是以爱国主义为核心的民族精神、革命精神和时代精神相统一的凝结，是中国共产党和中国人民极其宝贵的精神财富。红色文化是进行社会主义核心价值观教育的重要资源。高校是培育社会主义事业接班人的重要载体。学校通过举办“红色记忆”讲坛，有利于传承和弘扬民族红色文化，增强广大学生爱国主义情感。

学校通过开展“红色记忆”讲坛系列活动，在全校营造出浓郁的红色文化氛围，让广大学生参与到各项活动中，从而帮助大学生树立民族自尊心、自信心和自豪感，给他们以精神的激励和思想的启迪。同时，这些活动深化大学生对红色精神的认同，也有助于当代大学生传承红色精神和保护红色文化。

第四篇 04

主题校园文化活动

习近平总书记在党的十九大报告中指出：“文化自信是一个国家、一个民族发展中更基本、更深沉、更持久的力量。必须坚持马克思主义，牢固树立共产主义远大理想和中国特色社会主义共同理想，培育和践行社会主义核心价值观，不断增强意识形态领域主导权和话语权，推动中华优秀传统文化创造性转化、创新性发展，继承革命文化，发展社会主义先进文化，不忘本来、吸收外来、面向未来，更好构筑中国精神、中国价值、中国力量，为人民提供精神指引。”为更好地构筑中国精神，由党委宣传部牵头，学工部及相关二级学院联合组织开展了系列主题校园文化活动。

学校精心打造民族民俗精品文化项目——三月三民俗文化旅游节，结合专业特色，创立校园文化空间，让师生对“三月三”进行全过程演绎和体验，自觉成为中国传统文化的保护者和继承者。

红色主题校园文化活动以继承革命文化为基础，结合学校专业特色，立足“立德树人”这一根本目标，紧扣红色教育主题，整合红色历史、红色人物、红色故事、红色旅游等文化力量，引导大学生在文化的熏陶中逐步丰富和深化其价值认识，增强砥砺前行的理想信念，进一步提升了学生品格。

“三月三”民族文化旅游节

中华优秀传统文化是世界文化中的璀璨明珠，是中华民族的精神命脉，对传承和弘扬中华文化有着重要的意义。没有文明的继承和发展，没有文化的弘扬和繁荣，就没有中国梦的实现。所以，华夏子孙要弘扬传统文化，要回归中国传统节日，让中国传统节日更加精彩。

“三月三”作为地方非物质文化遗产保护项目及公休假日的少数民族节庆，凸显出政府推行民族文化和民族文化旅游的决心。但相对于傣族的泼水节、蒙古族的那达慕、彝族的火把节，广西的节庆活动则缺乏广泛的群众参与性、较强的体验性和民族文化整合功能。

一、活动目的

（一）活动目的

结合旅游名校的特色，打造民族民俗精品文化项目——三月三民俗文化旅游节。结合专业特色，创立校园文化空间，大学生作为文化传承保护的传播者，使大学成为非物质文化遗产保护的动态“博物馆”，让师生对“三月三”进行全过程演绎和体验，展现桂林旅游学院师生弘扬中国传统文化、宣传民族传统节日的风采。

（二）活动意义

1. 推动“三月三”节庆文化进高校，使学生参与到传统文化传承与保护中去。

2. 组织特色党建活动，借力传统民族文化，用民族特色激发党建活动，使高校党建更具地方特色、民族特色。

3. 服务地方经济，服务地方社会。广西区自“三月三公休假”推行至今，尚无大型的、有特色的、游客参与度高的节庆活动，高校应站在经济、社会发展的前沿，为地方经济和社会的发展献计献策。

4. 凸显桂林旅游学院的“旅游”品牌。旅游院校举办“三月三”节庆活动，在旅游发展的大环境下，旅游院校走出校园，走进社会，助力地方旅游经济发展。

二、活动实施过程

（一）创意目的

用民族服饰、声声号角、迎宾歌、迎宾酒、竹竿舞等独具广西民族特色的符号，将游客带入到活动中去。用仪式带动节日的气氛，使观众第一时间感受到节日的欢乐，从而产生体验与参与的兴趣。

当前广西区内或者桂林市内“三月三”的活动多以狂欢节冠名，如南宁三月三狂欢节（壮族迎宾习俗、刘三姐传歌、踏青踩街、壮族铜鼓舞、对歌三月三、假面舞、多耶舞、抛绣球、夜歌圩、歌舞表演、百家宴等）、柳州三月三狂欢节（鱼峰歌圩全国山歌邀请赛、柳州国际水上音乐节、柳州民俗文化博览会、桃花节、花炮节）、桂林三月三狂欢节（桂林龙脊梯田景区准备了吃五色饭、山歌擂台赛、梯田抢翠鸭等活动；桂林两江四湖景区还将举办“唱响山歌赢红包”活动、大型渔火秀，在木龙湖将上演壮乡铜鼓舞，两江四湖女子“水晶乐坊”还将上演现场秀）这些活动要么过于传统，要么过于现代。

高校的四大功能之一就是文化传承，作为一所知名的旅游院校，学校有责任和义务去探索一种良好的民族文化传承方式，改变目前节庆活动有节无庆的现状。“庆”，庆祝、庆贺、祝贺，要有广泛的群众参与才能“庆”，否则，这样的节庆，只能是你过你的、我过我的。因此，这一活动就是为了增强群众的参与性。“吃”作为旅游的一个重要过程，此版块在于不仅让游客能够品尝到美食，还能了解到美食文化。“购”是旅游的一个环节，也是旅游经济创收的一个重要环节。此版块的目的不仅在于展示我校师生的特色工艺品，还能为旅游纪念品的销售摸索出一种新的销售模式——节日文化衍生产品。

（二）活动流程

1. 迎宾区

（1）迎宾仪式：牛角→芦笙→地筒相继响起，表示仪式开始（24 人：8 个牛角、8 个芦笙、8 个地筒）。

（2）敬酒歌。8 位身穿苗族服饰的女演员演唱《敬酒歌》，手托托盘向游客敬酒。

（3）拦路歌。20 位身穿壮族服饰的女演员演唱《拦路歌》，与到达该区域的游客对唱山歌，对唱山歌的游客才能进入下一区域。

2. 表演区

（1）《三月三、九月九》情境表演

男生挑茶担子出场→打油茶→歌伴舞→敬茶歌

（2）板鞋舞（互动表演）

12 名女演员表演板鞋舞，快结束时，台下 12 名男生与游客互动，用竹竿把“新娘”抬出来，引入下一表演。

（3）《婚嫁》舞蹈表演

13 名女生表演舞蹈《婚嫁》，结束时，“新娘”将花球抛向台下，抢到花球的人成为“新郎”，“伴娘”下台请“新郎”上台。

(4)《套郎腰》舞蹈及互动表演

《套郎腰》舞蹈结束后，“新郎”请他的亲友团上台舂糍粑，舂好糍粑，“新娘”和“伴娘”将糍粑送到台下请游客品尝。

(5) 少数民族服饰 + 七弦乐府展示

全体演员从台上下来，和游客一起跳《多耶》，同时将游客引入民众体验区。

3. 民俗体验区

该区设置壮、侗、苗、瑶四大民族村寨样式，进行民俗文化展示。参加活动的游客可在该村寨盖章，盖完四个村寨印章的游客可领取一份小纪念品。

壮：抛绣球。

苗：民俗猜谜。

侗：抢花炮。

瑶：打油茶。

4. 美食文化展示区

本区制作广西少数民族地区代表食品，如五颜色糯米饭、打油茶、糍粑等。扫码、关注、集赞的游客可免费品尝。

5. 纪念品展示 + 交换区

分展示和交换（买卖）两部分。扫码、关注、集赞的游客可免费领取小纪念品。

三、活动经验与成效

——实现了传统文化和校园文化的完美融合。

中华文明上下5000年历史，源远流长，有着丰富的文化传统和文化底蕴。大学生作为当代中国的青年，无论是现在的学习还是今后的生活工作中，继承和发扬中国民族传统文化，承担起新的一代人民族复兴的重担，创造属于他们这一代人的灿烂辉煌，是新的历史时期所赋予的义不容辞的责任。

此次活动对广大学生进行了一次深入的传统文化教育，增强了他们的社会责任感、使命感和服务社会、奉献社会的意识；提高了他们自身的综合素质和服务奉献社会的积极性，为充分发挥党组织的战斗堡垒作用和党的先锋模范作用打下了坚实的基础。

在本次的“三月三”活动结束之后，有一些老师及同学们也写下了对于本次活动的心得体会，大家说的最多的一个词就是“欣慰”，对于本次活动中辛勤指导的老师们感到欣慰，对辛苦排练的演员们感到欣慰，对努力工作的幕后工作人员感到欣慰，对这样一个团结向上的集体感到欣慰！

也为积极参与的广大同学们的热情和认真而感到欣慰！参与活动策划、表演的师生以及现场的广大观众和参与者都深深地为国家的民族传统节日“三月三”的魅力而折服，也因为一股无形的精神力量而全身心地融入，实现了传统文化和校园文化的完美融合。

红色导游风采大赛和红色旅游线路设计大赛

红色旅游是一种以红色文化为内涵，以旅游活动为载体的具有特殊教育意义的旅游方式。党中央、国务院高度重视红色旅游发展。2004 年 12 月，中共中央办公厅、国务院办公厅下发了《2004—2010 年全国红色旅游发展规划纲要》，2011 年 3 月，又下发了《2011—2015 年全国红色旅游发展规划纲要》（二期规划），各级相关部门先后出台了系列政策，以推动红色旅游持续健康发展。

一、活动思路

为在大学生中传承红色文化，丰富大学生活，活跃校园文化氛围，同时达到提高专业技能、锻炼学生语言表达能力以及应变能力等目的，从 2016 年开始，每年与企业合作举办红色导游风采大赛和红色旅游线路设计大赛。通过两种大赛形式，坚持不懈地培育和弘扬红色文化，引导广大师生做传承红色文化的坚定信仰者、积极传播者、模范践行者，并用“传承红色文化　培育旅游人才”引领校园文化建设，构筑校园文化之魂。

（一）契合专业学习，打造激发兴趣的赛事

利用旅游学科专业相关理论背景，深入挖掘红色旅游教育内涵，将理想信念教育融入红色导游讲解和红色旅游线路设计之中，将爱国主义教育

与专业导游讲解技能、红色旅游线路策划的意义和实际价值相结合，使学生理解红色旅游的共性，树立崇高理想；同时把握红色导游讲解的个性和红色旅游线路的特质，提升专业学习能力和实践能力，激发学生对红色旅游的兴趣，这样就实现了“同向同行，协同效应”。

（二）契合时政热点，把握教育活动的导向

思想政治教育活动设计首先要紧扣时代发展脉搏，充分反映党和国家发展进程中的新趋势、新理论，充分体现“因事而化、因时而进”，增强大赛吸引力。红色导游风采大赛和红色旅游线路设计大赛与时事紧密结合，以此激发大学生的爱国热情，培育和弘扬社会主义核心价值观，引领大学生深刻领悟中国革命的光荣传统，全面了解改革开放全过程。此外，参赛选手将当今社会热点问题与红色导游讲解、红色旅游线路设计展示紧密结合，从小处入手，进一步激发大学生实现中华民族伟大复兴中国梦的使命感和历史责任感。

二、活动实施过程

（一）活动形式

红色导游风采大赛包括中英文红色景区导游词讲解、才艺表演（舞蹈、小组唱、独唱、朗诵、情境表演）等。

红色旅游线路设计大赛要求选手从线路名称、线路宣传口号、线路基本内容、线路特色及亮点、线路营销宣传、线路实施计划等方面进行策划设计，团队或个人以 PPT 进行展示汇报讲解。

（二）比赛过程和内容

两项赛事各自时间为期两个月，首先建立项目组委会，由分管校领导担任组委会指导，党办校办、党委组织部、党委宣传部为组委会成员单位，活动实施由文化与传播学院承办，有关企业协办。

红色导游风采大赛决赛分为两个阶段，第一阶段为笔试，考察选手的理论知识。第二阶段为现场讲解和才艺展示，其中才艺展示，每位选手可根据导游职业特点，以歌舞、器乐表演、诗朗诵等形式展示个人风采。评委采取当场评分形式，分别评定冠、亚、季军各1名，优秀选手6名。设优秀团体奖以及最佳形象奖、最佳口才奖、最佳才艺奖、最佳人气奖等4个单项奖。

红色旅游线路设计大赛，设计讲解以PPT幻灯片为基准，要求讲解生动，时间不得超过8分钟。

三、活动经验成效

（一）传承红色文化，构筑大学校园文化之魂

通过打造突出红色主题的特色校园文化，以红色文化为校园文化铸魂，使桂林旅游学院校园成为满载着理想信念、民族精神、红色精神的一方热土。学校坚持以“立德树人”为根本，把传承和弘扬红色文化、红色精神贯穿人才培养、学科建设、科研教学、管理服务的全过程。大力弘扬以红色文化为核心的民族精神和以改革创新为核心的时代精神，切实增强了我校广大师生的精神力量。面对意识形态新冲击和价值取向多元化，做好红色文化传承和新时代旅游人才培养工作，有利于弘扬主旋律、凝聚新力量，用红色文化、红色精神统领校园文化体系。

（二）通过传承红色记忆，激发师生爱国热情

通过红色导游风采大赛，把红色旅游教育融入第二课堂，广泛组织在校大学生参与红色旅游，接受爱国主义和革命传统教育，对进一步发扬爱国主义精神，传播英烈事迹，扩大爱国主义教育的影响力有重要作用；同时可以更好地加强校园精神文明建设，培育社会主义核心价值观。选手们呈现的导游讲解和旅游线路策划覆盖全广西红色旅游景点景区，为广大师生提供了一个了解红色经典、领略革命精神的契机，有利于实现传承红色精神、坚定理想信念、加强修身养德、助力中华民族伟大复兴的中国梦。

（三）全面提升学生的导游服务综合素质和创意策划能力

现实的导游服务工作，不仅需要导游员熟练掌握导游服务技能，更需要具有丰富的文化涵养，因此红色导游风采大赛不仅仅进行了导游服务技能的竞赛，还进行了导游文化知识，尤其是红色革命文化知识的竞赛，从而促使参赛选手投入较多的时间去学习了解红色革命文化，提高自身人文素养。

通过红色旅游线路设计大赛，进一步宣传了广西红色旅游资源，帮助师生领略伟大的红色革命历史情怀，增强爱国主义情感。同时，也激发了同学们对红色旅游线路的兴趣，为进一步推进红色文化传播、培养一支推广宣传广西经典红色路线的红色文化传播队伍，夯实了基础。

红色经典诗文诵读

红色文化是中国共产党领导中国人民在长期的革命和建设实践中积淀下来的一种特殊的文化类型，承载着我们民族的红色历史、革命精神、光荣传统和思想境界。项目组积极探索大学生红色文化认同的活动载体，不断创新活动形式，通过以学生公寓为单位的红色经典诵读表现方式，引导大学生主动探索对我国红色文化的认知及自觉形成认同感，切实提高思想政治教育的实效性。

一、活动目标

文化的主要功能在于熏陶人、教化人、塑造人。红色文化传承的目的在于，以红色文化激励人，以红色精神鼓舞人，以红色基因感召人。青年大学生没有经过红色文化孕育年代的熏陶，对红色文化的自觉性认同感不高，要想在他们身上实现红色文化取向的价值认同，必须实现从认知到认可，再到认同的心理过程的转换。

（一）创新活动载体，引导学生自觉产生文化认同

目前高校红色文化的表现形式和传播手段还较为传统和单一，较多地依赖行政命令而缺乏自觉自动，如在特殊纪念日举行的各种歌咏比赛、知识竞赛等，这种类型的活动仅能让学生实现对红色文化的初步认知。要想

实现大学生对红色文化的广泛认同，首先要在学生心中形成共鸣，即要创设条件让学生在历史情境、历史叙事中去认知和感受红色文化，形成真实感，并在逐渐了解和领会其对于自身的意义和价值后，触发情感共识和思想共振。红色经典诵读活动要求参赛者通过红色历史的史料探求红色精神内涵，从革命先烈的事迹中深思其价值追求，能有效激发学生主动探寻历史、体会角色经历、形成情感体验，实现红色文化入脑、入心，促使其相关知识和情感不断积淀，从而形成对红色文化情感层面在记忆和理解中引发的接纳与趋同，由此使其生成对红色文化内涵的共鸣和理解。

（二）创新参赛形式，充分发挥学生公寓的思想政治教育阵地功能

项目组受到心理健康教育团体辅导模式的启发，为进一步拓展红色文化的育人功能，让其影响力除了表现在弘扬和培育以爱国主义为核心的伟大民族精神这一方面之外，能同时通过活动达到连环带动宿舍团体凝聚力提升的目的，并通过红色文化进公寓活动，丰富大学生公寓文化生活，提升公寓文化品位，因此决定采用团队参赛形式，要求以宿舍为单位参赛，利用宿舍这个小集体，以点带面，以多元化的途径弘扬正能量，用实际行动贯彻习近平总书记在大学生思想政治工作会议上的讲话精神，将立德树人、文化育人贯穿于教育教学的全过程。

二、活动实施过程

项目组紧紧围绕“传承红色文化，培育旅游能人”的核心思想撰写实施方案、统筹活动开展，各个环节紧凑，组织得当。

（一）参赛形式

项目组根据我校“传承和弘扬广西红色文化，培养高素质旅游行业人才”的项目要求组织撰写策划书，将此次诗文诵读的主题定为“诵红色经典・讲红色故事・传民族精神”。结合我校校园文化建设的育人核心，本

着创新活动形式、增强活动实效的宗旨，一反常态的学生活动形式，确立以宿舍为单位参赛的形式。以大一新生为活动对象，最多两个宿舍组成一支队伍参赛，在新生群体中，激发团体协作能力，凝聚群体力量，帮助学生形成和谐友爱的宿舍氛围，建立深厚的同学情谊。

（二）比赛表现方式

鼓励各二级学院结合学院的专业和人文特色，将活动深入到班级，组织学院初赛，扩大活动的影响力。参赛作品题材不限，诗歌、红色故事、经典篇章皆可。朗诵形式上，力求新颖独特，诵读形式不限，要求自备配乐，允许适当穿插伴舞、情景剧、PPT 等。主要从仪表形象、诵读内容、语言表达、情感表现形式四个方面来进行评分。各二级学院的参赛队伍的指导老师也积极参与彩排的过程中。对参赛队伍的诵读内容、背景的制作、音乐背景的搭配、朗诵的技巧以及舞台的表现形式、队员服装的选择上给予了建议性的指导，在原有的基础上进行提升，提高参赛作品的质量。总决赛过程中，各参赛队伍紧扣爱国主义主题，通过情景再现、手语、歌唱等辅助表现形式，致敬革命英雄、讴歌党的丰功伟绩，表达对党和祖国的热爱和拥护之情。

图 4－2　2017 年诗文诵读比赛现场

（三）奖励方式

为延续活动的育人影响力，在奖品设置中，除了奖金及荣誉证书之外，还增设了红色文化经典书籍，做到每名进入决赛的队员人手一本。旨在引导学生形成爱看书、善阅读的习惯。用经典的红色故事去感染学生，激发阅读的渴望及爱国的热情，真正将中华民族的坚忍不拔、浴血奋战的精神深入到学生的内心深处，珍惜现有的学习环境。

三、活动经验成效

本活动历时两个多月，秉着以传承和弘扬广西红色文化，提升我校学生的人文素养和爱国情怀为核心的思想，既丰富了学生公寓文化生活，促进了我校校园文化建设，进一步弘扬了社会主义核心价值观中的“爱国”主题，同时还达到了增强宿舍集体凝聚力的目的，活动效果显著。

（一）活动主体创新化，充分发挥了以点带面的作用

这一活动的开展摒弃了以往常规的以学生个体参与为主体的活动设计，创造性地推出以宿舍为单位的赛制形式。赛后各学院老师反馈，要求以宿舍为单位参赛，不仅实现了活动本身的教育引导意义，对学生宿舍的团体凝聚力的提升也表现出了显著成效。特别是新生刚踏入大学校门之际，对大学生活充满憧憬，同学友谊建立的初期，渴望结交新朋友，接受新事物，参与这一活动充分调动了宿舍成员的积极性，发挥宿舍友人的团结互助意识，增强宿舍凝聚力和荣誉感，形成良好的宿舍文化氛围，参赛宿舍纷纷把比赛时的照片跟感受发至朋友圈，无论荣誉如何，收获的经验与友谊却是今生都难以忘怀。此次活动能较好地起到以点带面的作用，以宿舍小团体的和谐带动班级的文化建设，从而为学生的在校学习和生活打下良好基础。

（二）活动形式多样化，学生参与度高

在初赛过程中，各学院紧紧围绕“诵红色经典·讲红色故事·传民族精神”这一主题，结合各二级学院的专业特色，积极组织开展诵读活动。参与本次活动学生，几乎涵盖了大一所有班级，人人可参与、人人乐参与。在诵读形式上各显其能，充分发挥了学生的创造力，利用自身特长丰富舞台表现形式，力图把诵读内容的主旨精神彰显出来，增强诵读的感染力。参赛者能够真正将贯穿中国革命、建设、改革各个时期的坚定的理想信念、崇高的爱国主义精神、与时俱进的开拓创新精神、艰苦奋斗的优良作风、全心全意为人民服务的精神特质、自强不息的笃行精神等“红色精神”，通过语言的表达、舞台的表现传递给倾听者，将对祖国、对英雄的讴歌深入观众的内心，从而引起爱国的共鸣，真正实现“内化于心，外化于行”。同时，此次活动对学生人文素质的培养、班级文化建设、校风学风建设等都起到了极大的助推作用。

（三）陶冶学生情操，增强精神文化的渗透力

红色经典的诵读，红色故事、典型人物事迹的分享，让参赛选手和观众真切感受到了历史的厚重与伟人的榜样力量，激发了同学们内心的斗志与豪情，大家的思想也正发生着转变。有的同学说：“大学的开始，通过活动加深了对宿舍成员的了解，增进了彼此的友谊，大家为同一个目标努力的日子真好。”还有的同学表示，今天的美好生活是用先辈的鲜血换来的，作为新时代的健儿要在历史的浪潮涌流中奋发前行。友谊与荣誉的收获、心态的转变，开启了新生多姿多彩的大学生活，也激励他们努力在大学的舞台上挥洒青春和才华。

本项目彰显书香气息，催人奋进。学生在诵读中激发了个人的爱国热情、审美情趣和人文情怀，观众也在现场氛围的引导下主动自觉地参与到了对中国革命传统教育、中国近现代史教育、艰苦奋斗精神教育等的了解

和学习过程中，红色文化的渗透力和影响力得到了充分展现。大学生是文化自觉性较高的群体，红色文化的传承应该持续探索他们愿意接受的方式，不断创新活动形式，充分发挥学生的自我教育主动性，提升教育成效。

近年来，我校的红色主题教育活动形式逐渐丰富：看革命题材影片、唱红色歌曲、参观红色文化教育基地、诵读红色经典、重走长征路、参加红色志愿服务等，把思想道德实践活动的思想内涵与丰富多彩的活动结合起来，寓教于乐，从而让大学生在自觉参与过程中，思想感情得到熏陶、精神生活不断充实、道德境界得到升华，学生对红色文化的认同感也明显提升。相信随着高校红色文化教育改革的不断深入，红色文化必将成为“凝魂聚气、强基固本”的主旋律和正能量，大学生的红色文化自觉和红色文化自信水平也会得到显著提升。

“青春之声，红色传承”主题演讲比赛

为深入推进社会主义核心价值观教育，丰富校园文化生活，桂林旅游学院党委宣传部于2017年6月22日晚在多功能报告厅举办“青春之声，红色传承”主题演讲比赛。此次活动是我校获得的全区高校校园文化建设示范项目——“传承和弘扬广西红色文化　培养高素质旅游行业人才”的重要组成部分。

一、活动目标思路

主题演讲比赛是我校传统精品文化项目之一，一直以来受到全校师生的广泛关注，并得到学校领导的大力支持。演讲比赛举办至今，已为我校选拔了大批优秀演讲人才，并推选出优秀选手代表我校参加了市、区级乃至全国的各项演讲比赛。随着广西大学生思想政治教育及意识形态阵地建设工程项目——“传承和弘扬广西民族红色文化　培养高素质旅游行业人才”在学校的广泛开展，红色文化活动已经成为桂林旅游学院一道亮丽的风景线。红色文化是中华民族的伟大智慧，也是中国文化的优秀精髓，反映全国各族人民在中国共产党的领导下建立统一战线，同仇敌忾的团结奋斗精神；反映老一辈无产阶级革命家的成长经历和丰功伟绩，以及他们的伟大人格和革命事迹。爱国主义是我们民族精神的核心，是实现中华民族伟大复兴永不枯竭的精神动力。作为当代大学生，学生更应该传承红色文化，继承民族精神。

本次演讲比赛以“青春之声，红色传承”为主题，以讴歌红色文化故事、展示学生风采为主要内容，为广大热爱演讲的同学提供一个展示才华的舞台，解放学生思想，交流思想观念。通过比赛，让每位学生更加深刻地理解红色文化，努力学习，刻苦钻研，在实现中华民族伟大复兴“中国梦”的征程中，勇担重任，用激情四射的青春谱写出华美的人生乐章！同时，继续营造我校大学生学习传承红色文化的良好氛围，激发同学们弘扬红色文化的热情，增强大学生历史使命感和社会责任感，铭记革命历史，弘扬民族精神。

二、活动实施过程

自 5 月启动以来，历经初赛、复赛、决赛，从活动策划到组织实施等各个环节均有条不紊。

（一）撰写活动策划书

2017 年 3 月，根据我校“传承和弘扬广西红色文化　培养高素质旅游行业人才”的项目内容以及我校主题演讲比赛传统精品文化项目要求，项目组组织撰写活动策划书，围绕“学习红色精神，弘扬红色文化”的核心思想，将此次演讲比赛的主题定为“青春之声，红色传承”。鼓励全体在校学生积极参与到活动中来。

在活动策划书中，除了设置一、二、三等奖和优秀奖以外，还设置了最佳稿件奖，以鼓励学生写出最真实、富有感染力的演讲稿，进一步提高学生写作能力，提升学生文化素养。同时，为充分调动各二级学院力量，设置最佳组织奖三名，通过二级学院的发动和协助，让更多学生踊跃参与到活动中。此外，为提高比赛活动影响力，扩大关注度，通过学校官方微信和大学生记者团微信投票评选出最佳人气奖。此次主题演讲比赛分设初赛、复赛和决赛，演讲内容要求积极向上、符合主题。演讲时间控制在5分钟以内。本次比赛采用10分制，主要从演讲主题及内容、语言表达、形象和会场效果四个方面来进行评分并制定了详细的评分细则。

（二）活动组织实施

1. 报名阶段

4月28日，学校官方网站发布比赛报名通知，5月3日—5月6日，在学校旅博楼一楼前厅接受现场报名。同时，为贴近学生，广泛调动学生参与的积极性，在学校官方微信以及大学生记者团微信等新媒体增设网上报名，使活动真正落到细处，达到预期效果。

2. 初赛

5月11日晚，在学校旅博楼阶5和阶7教室同时开启演讲比赛初赛。参赛选手们统一着正装，精神昂扬、情感真挚。比赛过程中，时而慷慨激昂；时而低沉委婉，有的讲述故事，阐述真情；有的剖析道理，娓娓道来。为现场的评委及观众展现出旅院学子的风采，讲述了一幕幕感人的红色经典。最终在118名参赛选手中，40名优秀学生脱颖而出，进入复赛。

3. 复赛

5月14日，为顺利举办此次主题演讲比赛，进一步提高复赛选手专业水平以及我校师生的演讲技巧和口才表达能力，营造学习传承红色文化良好氛围。桂林电视台新闻部副主任安新闻在我校图文信息中心金桂厅做专题演讲培训。经过专家的提点和培训，40名复赛选手对演讲有了新的认识，演讲水平也有了很大的提高。

5月22日晚，演讲比赛复赛开赛。经过初赛的磨炼以及赛后的培训完善，选手们在比赛中引经据典、妙语连珠，通过严密的逻辑、清晰的条理、生动的语言等充分展示了各自的实力，展现出当代大学生朝气蓬勃和积极向上的精神风貌。选手们精彩的表现，赢得现场评委和观众的阵阵掌声和情感共鸣。经过激烈的角逐，12名选手晋级决赛。

4. 决赛

图4－3 校领导为获奖选手颁奖

图4－4 参赛选手与嘉宾合影

6月22日晚，“青春之声，红色传承”主题演讲比赛在学校旅正楼多功能报告厅举行。学校党委副书记林业江及相关职能部门，各二级学院党总支副书记等嘉宾出席比赛。相关部门领导以及媒体工作者担任此次比赛评委。12名晋级决赛的选手围绕“青春之声 红色传承”这一主题，用青春的声音，讲述红色故事，传承红色精神，把现场的评委及观众带进了一个弘扬社会主义核心价值观，传递青春正能量的良好氛围中。5号选手描述了抗日战争时期与现如今我们生活形成巨大反差，以此揭示幸福的含义，感念先辈们为祖国和平所做的贡献，并立志成为一名对外汉语教师，传播红色精神，做传播中国文化的使者。8号选手讲述了桂林龙胜“红军岩”名字的来历及其中蕴含的红色精神，并表示作为旅院学子，应时时刻刻以红色精神激励自己，用旅游人独特的方式奏出时代最强音。10 号选手以《我的红色情节》为题，讲述自家曾祖父为保卫祖国而做出艰难抉择和牺牲的故事，他号召当代大学生应当铭记历史，传承红色精神，勇于创新，为把中国建设成为文化强国而努力奋斗。经过决赛的激烈角逐，旅游休闲与管理学院周帅琪斩获本次比赛冠军，外国语学院袁清林、文化与传播学院姜长彤获二等奖，旅游休闲与管理学院韩韵诗、梁远欣、酒店管理学院刘美延获三等奖，最佳稿件奖和最佳人气奖分别由外语学院袁清林和国际酒管管理学院范恋雯获得，旅游休闲与管理学院、文化与传播学院、国际商学院获得本次比赛的优秀组织奖。

三、活动经验成效

此次比赛由我校党委宣传部主办，大学生记者团、党宣办公室、旅院广播电台、“马踏飞燕”网络传媒社、微博协会联合承办。比赛历时两个多月，在各部门的通力配合下取得圆满成功。此次主题演讲比赛作为 2017 年广西大学生思想政治教育及意识形态阵地建设项目的重要组成部分，既丰富了校园文化生活，也在全校范围内营造了浓厚的“学习红色精神，弘扬红色文化”的氛围，为推进社会主义核心价值观教育做出了积极贡献，活动效果显著。

（一）提高学生综合素养，丰富校园文化生活

主题演讲比赛集中考验学生的知识、能力以及综合素质，通过对演讲稿的反复修改以及演讲技巧的不断磨炼，促使学生积极主动学习，翻阅相关书籍，形成良好的学习氛围。在围绕演讲主题基础上，充分发挥学生的创造力和表达力，让学生有一个展示素养能力、风貌风采的良好平台，极大激发学生自信心，提高学生学习兴趣，满足学生个性化发展需求，体现学校人文关怀和道德情感，用全面发展的视野培养全面发展的学生。

以校园文化为载体，将思想政治教育寓于校园文化之中，是适应社会的变化，满足大学生多方面发展需要的现实要求。我校开展的主题特色鲜明的演讲比赛，丰富了校园文化生活，增强大学生社会责任感，努力打造第二课堂实践育人平台，将思想政治教育有效地覆盖到整个校园，使学生在参与校园文化活动、享受校园文化大餐的过程中自觉地接受思想政治教育，从而起到“润物细无声”的作用。

（二）传承红色革命精神，深化意识形态教育

在比赛过程中，选手们追寻革命先辈的光辉足迹，用一个个感人的红色故事来致敬那段红色记忆，让现场的观众深受红色革命精神的洗礼，他们声情并茂、激情澎湃的精彩演讲深入人心，此次比赛活动是我校学子展示精神面貌、增强责任意识、实现爱国教育的一次重要契机。红色文化承载着浓厚的精神内涵，记录着光辉的革命史迹，凝聚着爱国主义和民族精神。此次活动坚定了我校学生传承红色革命精神使命感，增强了爱国主义情感，树立了正确的人生观、价值观和世界观。

高校是意识形态工作的前沿阵地，肩负着学习研究宣传马克思主义、培养中国特色社会主义事业建设者和接班人的重大任务。我校通过紧紧围绕“立德树人”根本任务，将培育和践行社会主义核心价值观融入教育全过程，在活动开展中，激发学生民族自尊心、自信心和自豪感，树立起学生中国特色社会主义视野建设者和接班人的担当意识和责任意识。此次主题演讲比赛弘扬主旋律，突出高品位，迎合当前大学生日益增长的精神文化需求，为培养社会主义合格建设者和可靠接班人提供强大的精神动力。

高校校园文化是社会主义先进文化的重要组成部分。加强校园文化建设对于改进大学生思想政治教育、全面提高大学生综合素质，具有十分重要的意义。校园文化建设要充分发掘和丰富校园文化形态，让文化为教育所用，实现以文化人、以文育人。精神文化是高校校园文化建设的核心，

也是高校校园文化追求的最高层次。以社会主义核心价值观引领高校校园文化建设，关键就是要坚持和弘扬改革创新的时代精神，鼓励并支持差异发展、个性发展的校园精神文化。此次比赛活动以“青春之声，红色传承”为主题，从学生实际出发，尊重学生个性差异，以学生的发展为出发点和归宿，将以人为本的思想全方位地贯穿于各个环节，使学生的个性品质得以自由张扬，超越自我，主动发展。活动一方面使参与学生的演讲能力有了明显的提高，实现学生文化素养、专业素养等全面发展；另一方面通过弘扬主旋律，把爱国主义精神渗透到活动中，有效地凝聚师生、净化校园环境，丰富了学生们的课余生活，对校园文化建设，尤其是精神文化建设产生了积极的推进作用。

05

第五篇

红色主题社会实践活动

桂林拥有丰富的旅游红色文化资源。近年来，桂林旅游学院立足高素质旅游从业人才培养的需要，积极发挥桂林红色资源的教育功能，利用关键时间节点、节假日、暑期等积极组织、引导师生深入历史事件发生的地点，开展以探寻革命遗迹、重温革命历史为红色主题的社会实践活动。广大师生深入到桂林市区及相关县（区），通过参观调研战斗遗址、墓地、故居旧址、革命烈士纪念建筑物、革命红军遗留物品等，并通过开展实践分享等形式，进一步带动更多青年学生了解历史，铭记历史，传承红色精神，感知红色精神魅力，明确责任担当，从而潜移默化地将民族经典红色文化传承渗透于当代师生的学习、工作实践中，进一步激励师生“不忘初心，牢记使命，继续前行。”

“重温长征历史”党员活动

一、活动背景

2016 年是中国红军长征胜利 80 周年。为广泛开展爱国主义宣传教育，讴歌党的光辉历程，发扬党的优良传统，继承和弘扬“长征精神”，铭记党的历史，桂林旅游学院继续教育学院分别于 2016 年 11 月和 2017 年 7 月，先后两次组织全体教师前往资源、灌阳开展以“重温长征历史”为主题的党员活动。

二、活动目的与意义

通过重温长征历史的党员活动，继续教育学院全体教师接受了别开生面的主题党课，同时对桂林周边重要红色纪念地进行了实地调研，为学院下一步培训工作的开展打下了基础。与此同时，教师们回顾了艰难卓绝的长征历程，重温了长征胜利的历史意义，表示在今后的工作中要继续弘扬伟大的长征精神。“雄关漫道真如铁，而今迈步从头越”，长征永远在路上。

三、活动实施过程

（一）活动概述

“重温长征历史”的党员活动，第一次是由校长助理陈贵超带队，组织继教学院全体教职工前往资源、灌阳开展“重温长征历史”党员活动；第二次是继续教育学院直属党支部和自治区旅游发展委员会人事处党支部，联合开展基层党支部交流暨党员干部培训项目调研活动。两次活动为期四天，以“发扬长征精神，传承红色文化”为主题，主要调研了桂北地区红色纪念地，为党员干部培训项目进行全面调研活动。

（二）资源县红色景点概况

1. 油榨坪中革军委临时会议旧址

这里主要是了解油榨坪中革军委临时会议的重要性。一楼进门后就是大厅，左厢房门上的牌子显示是“机要警务室”，房间内简单陈列了一些家具；右厢房改造成“红军英烈展厅”，悬挂着英烈照片，厢房外设有“文物陈列室”，还原了红军当年的一些用具。在小楼的第二层，主要展示有红军经过资源县少数民族地区之前发布的《关于瑶苗民族中工作的原则指示》，中央红军长征过资源大事记及文物展览，中央电视台重走长征路照片等内容。1934 年 12 月，中央红军长征经过桂北，历经惨烈的湘江战役后，转移到资源境内的油榨坪。红军原计划在此休整几天，收容整编渡过湘江的队伍，然后继续沿红六军团走过的路线行军。但彼时，红一军团第一师第一团在大帽岭与国民党湘军发生遭遇战，且从情报获知蒋介石已在湘桂边境布置重兵，设置了一个“大口袋”，企图将红军彻底消灭在湘桂地区。面对严峻的形势，中革军委在资源油榨坪渡船铺召开临时军事会议，决定改变行军路线，分三路翻越老山界，三路部队在龙胜会合后，从敌人防守相对薄弱的省、县交界处突围，向贵州方向开进。

2. 两水乡

这里有红军标语、红军桥，还有当年红军战斗过的地方。红军长征经过时，在凤水村原周家大院后围墙留下了红军标语。这三条标语保存相当完好，在围墙上清晰可见，分别是："打倒卖国的国民党！""反对强占民田修马路！""取消一切高利贷！"标语的字体已经进行了清晰复原，围墙整齐，没有大的破损。当年中央红军长征过桂北时，部队到达两水苗族乡的周家大院驻扎，红军宣传员在周家大院后面围墙上写下了这些标语。

3. 中央红军宣传局驻地旧址赵氏宗祠

赵氏宗祠位于塘洞村西寨屯，进大门左右耳房各一，中有天井，环天井走道及厢房均已被破坏。虽然有些后室和伙房被毁，但现在的赵氏宗祠依然能看出当年的风采。作为资源重要的革命传统和爱国主义教育基地，现在的赵氏宗祠的一间厢房是陆定一曾经起草《老山界》一文的旧址。《老山界》详细记述了红军翻越老山界的情景。在陈列室的墙壁上，张贴着《老山界》全文。

4. 塘洞村老山界长征纪念馆

场馆面积800余平方米，展厅运用图片、资料、文物、场景等表现手法再现了当年红军长征过华江的情景，突出了红军翻越老山界及党的民族政策的重要史实。80多年前红军长征的伟大壮举，在华江这块土地上留下了一个不朽的历史印记。在这里，数万红军翻越了险峻的老山界，胜利通过了越城岭瑶族山区，向云、贵、川挺进。"老山界红军长征纪念馆"的建成将推动华江的红色旅游事业跨上新台阶。

（三）灌阳县红色景点概况

1. 新圩阻击战陈列馆

陈列馆主建筑造型为五角星建筑，由4个底部宽度12米的五星向中间靠拢组成，内部结构分3层加基座共4层，高度20多米，顶层为观光台。基座一层为展厅，展厅分“红军三次过灌阳”“新圩阻击战”“悲壮三十四师”“鱼水情深”“精神永存”等5大板块展示新圩阻击战。陈列馆外左侧有花岗岩主题雕塑，雕塑由6位红军将士不怕牺牲、骁勇善战形象组成，正面有原中央军委副主席、国务委员兼国防部长迟浩田上将的题词“新圩阻击战”。当时的红五师师长李天佑正是在此指挥了湘江战役中最先打响、也是最惨烈的一次阻击战——新圩阻击战。在这次阻击战中，红五师牺牲了一个师参谋长、一个团长，伤一个团长、两个团政委，营连级指挥员也剩下不多了，有的团1000多人伤亡500—600人，付出的代价很大，但最终以少胜多，以弱胜强，胜利地完成了阻击任务。

2. 酒海井红军纪念园

1934年11月27日至30日，为掩护中央红军抢渡湘江，中央军委炮兵营、红五师第十四团、十五团、红六师第十八团先后在新圩至排埠江一带，阻击国民党两个师及一个独立团的疯狂进攻，浴血奋战四天三夜，完成了阻击任务。因形势紧迫，红军撤退时来不及将伤病员安全转移，国民党反动派伙同当地土豪劣绅将设在新圩下立湾村祠堂的临时救护所里的100多名伤病员捆绑后，残忍地丢进酒海井这个深不可测的地下河里，伤病员最后全部壮烈牺牲。为缅怀先烈，告慰英灵，教育后人，中共灌阳县委员会于2003年12月在酒海井建立纪念碑。

（四）兴安县红色景点概况

1. 界首镇红军堂

兴安县红色文化研究会副会长、秘书长岳启海主任详细讲解了红军堂的由来以及当年红军强渡湘江的情形，并婉转悲情地朗诵了《血色湘江》原文：

您还活着吗？

为什么我总是能从这涛声中，

听到您的倾诉?

八十年了，

我怎能把这些故事都带走呢?

那天的晚上真冷啊!

……

师长的肚子几乎被打穿了，

他在晕迷中被敌人抓走了。

在颠簸的山路上，

用尽最后的力量，

扯断了自己的肠子。

肝肠寸断，肝肠寸断啊!

……

三年不饮湘江水，

十年不食湘江鱼。

……

只要精神不死，

你们将永生于

我们国家的民族记忆中。

……

2. 湘江战役纪念碑园

湘江战役纪念碑，是在著名作家魏巍和聂荣臻元帅的建议之下并经过国务院批准而修建的。湘江战役纪念碑园的建成，抚慰了烈士英灵和教育了革命后代。1996 年 6 月，国家教委、民政部、文化部、国家文物局、共青团中央及解放军总政治部共同确定碑园为“全国中小学爱国主义教育基地”；1997 年 6 月，中共中央宣传部将其列为首批“全国百家爱国主义教育示范基地”之一，成为全国重要的革命传统教育基地。湘江战役是中央红军突围以来最壮烈、最关键的一仗，损失惨重，由出发时的8.6万人锐减到3万人，几万的红军烈士长眠于桂北大地。

3. 湘江战役纪念馆

湘江战役纪念馆于2014年11月举行开馆仪式，湘江战役纪念馆建筑面积6390平方米，其中布展面积3560平方米，报告厅1200平方米，展示厅680平方米，总投资4800多万元。外观设计以红色为主调，以红军八角帽为造型，纪念馆的展陈以文物和历史图片为基础，以湘江战役为主线，全景式地再现了湘江战役这场规模最大、历时最久、战斗最惨烈的生死存亡之战。

四、活动经验

通过此次活动，党员们对中央红军长征过桂北的历史有了更深入的了解，真切感悟了当年红军长征在桂林期间的艰苦岁月。这是一堂别开生面的党课，提高了党员的思想觉悟，更加坚定了党员的理想信念。通过重走长征路，让党员同志们传承长征精神根脉，坚定理念信念，是一次卓有成效的党性教育活动。此外，为如何更好发挥红色文化在党员干部教育培训方面的作用提供了新的思路，进而为学校开展党员干部培训项目奠定了基础。参加活动的教师纷纷表示，将以活动为契机，在今后的工作中不忘初心，走好新的长征路。

“缅怀革命先烈，弘扬爱国精神”文明祭祀活动

一、活动背景

清明节是我国传统的二十四个节气中最具人文性质的节气，也是最重要的祭祀节。为进一步加强学校团员青年爱国主义教育，深切缅怀革命英烈，弘扬中华民族优秀传统文化和自强不息的民族精神，引领全校团员青年开展文明祭扫活动，在清明节期间，学校各级团组织集中开展“缅怀革命英烈　弘扬爱国精神”系列主题教育实践活动，进一步激发了广大团员青年爱党、爱国、爱社会主义情感，使他们树立了正确的世界观、人生观、价值观，促进了学校精神文明建设。

二、活动目的与意义

通过开展形式多样的缅怀先烈活动，让广大团员青年走进历史、重温先烈英雄事迹，进而深切感知今天幸福生活的来之不易。引导团员青年继承和发扬老一辈革命家的优良传统，不忘革命先烈，珍惜今天来之不易的优越学习生活条件，树立远大理想，磨炼顽强意志，练就过硬本领，从而为实现中华民族伟大复兴“中国梦”而努力奋斗。

三、活动实施过程

开展一次文明祭先辈活动。各级团组织教育、引导团员青年积极倡导文明、绿色、低碳、环保的祭扫理念，以鲜花代替鞭炮、以祭拜代替香烛，广泛开展了鲜花祭扫、公祭悼念、网上祭奠等绿色环保的祭祀方式，引导广大青年在祭祀活动中移风易俗，树立健康文明的祭祀新风。

开展一次网上祭英烈活动。各级团组织利用网络平台开展祭奠英烈活动，依托中国青年网、中国文明网、中华英烈网等网站搭建的“网上祭英烈”活动平台，依托学校团委“桂旅青年”微博、微信平台，各学院官方微博、微信平台，发动了广大团员青年开展了网上祭奠，向英烈献花、发表祭奠感言，寄托怀念和哀思，以表达对英烈的感恩和敬仰，并通过活动页面学习革命历史和革命英烈光荣事迹。

开展一次祭扫烈士墓活动。各级团组织以就近、安全为前提，组织团员青年到桂林市区烈士墓、烈士陵园、烈士纪念碑（馆）等地开展向革命烈士敬献鲜花、表达哀思、缅怀先烈的祭扫活动。教育引导团员青年秉承革命烈士的遗志，不断增强爱国主义情感，进一步发扬不屈不挠，顽强拼搏的革命精神，自觉弘扬和践行社会主义核心价值观，为祖国的建设和发展奉献自己的青春和热血。

开展一次文明清明志愿服务活动。学校青年志愿者协会、各学院志愿者服务队组织青年志愿者深入烈士陵园、革命英雄烈士纪念碑（馆）、先烈故居、公墓等场所开展卫生清扫、文明祭祀宣传、文明祭扫劝导等活动，引导广大群众不随意焚烧祭祀用品和燃放鞭炮，倡导绿色文明、环保安全的祭扫方式。

开展一次“重温革命历史”主题团日活动。学校各团支部通过重温昔日革命英雄的光荣历史，追忆革命先烈的丰功伟绩，以观先烈电影、讲先烈故事、制作缅怀先烈宣传海报等形式开展主题团日活动，使广大团员青年认识到作为新时代青年所肩负的历史使命和社会责任，从革命先烈的英雄事迹中获得启迪、汲取力量，长怀报国之志，长思肩上之责，做社会主义事业合格建设者和接班人。

四、活动经验成效

（一）高度重视，精心组织

学校团委负责统筹谋划，制定总体工作方案，各基层团组织结合实际，创新活动形式和载体，精心设计活动项目，具体实施，上下联动，把“缅怀革命英烈，弘扬爱国精神”活动作为加强爱国主义和传统革命教育，提升广大团员青年民族意识和爱国情感的有利契机，积极动员广大团员青年参与文明祭扫和志愿服务活动，形式多样、寓教于乐的活动吸引了全校团员青年的广泛参与，达到了预期目的。

（二）广泛宣传，氛围浓厚

各级团组织注重“缅怀革命先烈，弘扬爱国精神”文明祭祀活动宣传报道，积极利用官方网站、公众号、微博等平台开展专题宣传，采取线上线下相结合的形式，营造浓厚氛围，切实使活动形成了声势，扩大了在青年学生中和社会上的影响力。

桂林红色文化旅游资源调研

一、活动目标思路

（一）活动背景

“革命传统资源是我们党的宝贵精神财富，每一个红色旅游景点都是一个常学常新的生动课堂，蕴含着丰富的政治智慧和道德滋养”“要把红色资源利用好、把红色传统发扬好、把红色基因传承好”习近平总书记这一系列关于弘扬红色文化的重要论述，充分彰显了以习近平同志为核心的党中央高度重视红色文化遗产保护利用工作，为我们开展红色文化遗产保护利用和传承发展提供了重要指导。

思想引领是学校共青团工作的核心战略任务之一。在青年成长环境和诉求不断变化的新时代下，需要不断创新思想引领的内容和形式。桂林的红色文化旅游资源十分丰富，既有重大战役发生地，又有大量的红军纪念地；既有极具历史价值的红军遗址，又有现代艺术的浮雕；既有大量的实物资源，又有极为丰富的红色精神资源。进一步利用好历史遗迹、红色文化资源开展好学生思想引领工作，提升思想引领的实效性尤为重要。

（二）活动目的及意义

桂林旅游学院立足于高素质旅游人才培养的需要，利用学校学科专业优势，结合学校实际开展“青年马克思主义培养工程”大学生骨干培训工作，带领团学骨干走进历史，进一步传承弘扬广西民族红色文化，激发大学生爱国热情，培养优秀的红色精神传承人，进一步加强思想引领。

二、活动实施过程

2016 年和 2017 年两年暑期，由党委宣传部、校团委共同组织学校“青马班”优秀学员为主（每期约 20 名），成立桂林红色旅游资源调研工作队、“闪闪红星”红色文化调研队，对桂林市区内、相关县（区）的红色文化遗迹进行全面实地考察、调查研究，并通过收集、整理有关文字、图片资料，使队员们能够深刻地认知桂林红色历史文化，为校内的红色文化传播工作奠定坚实基础。

（一）精心谋划，前期工作安排有序

首先是将全体队员按照大家的研究兴趣等进行编组，分成四个小组。每组推选出一名负责人，做好本小组具体调研分工安排。由指导教师指导学生制定调研计划和具体安排，尤其列明每天调研目的地、具体行程安排、明确任务要求等。按照计划，在暑期集中调研开展前，由各小组分别对实践调研地点（每组分别负责几个调研点）的革命旧址、红色遗迹等的历史背景、基本事件等通过查阅网络资料和图书等进行前期相关资料收集，对调研点做大致了解，并前往各调研点进行踩点联系。学校团委负责调研所需各种物资的准备，包括学习使用移动小板凳、学员调研记录本、教师现场讲授移动音箱设备等，做好了充分的前期工作准备。

（二）实地教学，调研工作扎实有效

在校团委老师的组织及学校教学督导员周述忠教授的指导下，调研队合理规划调研路线，通过队员实地考察、教师现场授课、及时收集整理、补充调研资料等形式，系统寻访了桂林叠彩山公园、七星公园、西山公

园、象鼻山公园、王城景区、解放西路、黑山植物园、逸仙中学等桂林城区的红色景区景点及灌阳新圩、酒海井，兴安界首、光华铺等长征经过之路共20余处革命遗迹，寻访了一批英雄人物事迹。每天完成调研任务回校后，每个小组都会组织讨论，完善调研材料。

（三）及时总结，巩固扩大调研影响

暑期集中调研结束后，开学初，全体调研学员之间开展了多场座谈交流，进一步收集完善调研资料。综合各组收集内容和教师授课内容，由指导老师和团委老师协同队员进行文字资料的编撰工作，整理内部学习资料。在此基础上，为进一步扩大调研活动的影响，辐射带动更多同学学习桂林红色文化，调研队通过研讨，以调研小组为单位，积极筹备开展以“追寻革命遗迹，弘扬红色精神”“青马学员寻遗迹，红色精神永传承”为主题的红色主题微团课、红色故事分享会等学习宣传活动。

三、活动经验成效

（一）理论学习与实践调研内容相统一，使同学们更好地学习、了解桂林红色文化

红色文化资源是学校开展思想引领工作的优质教学资源。学校通过开设“青年马克思主义培养工程”大学生骨干培训班，邀请桂林红色文化专家进校对学生进行了专题授课，让同学们对相关知识和资料有了一定的理论认识；在调研开展前，各调研组又进行了分组收集整理革命旧址、红色遗迹资料，做好了先期的理论准备。在进行参观考察和社会实践中，带队教授带领同学们进行了实地考察、现场授课等，把理论教育的形式尽量形象化和通俗化，使同学们更好地理解了桂林红色文化，使理论学习和实践参观在内容与形式上达到了统一。

（二）突出学生主体与立足实地相结合，充分发挥红色文化的引领作

用，营造“红色”育人环境

高校思想政治教育必须突出学生主体作用。在红色文化资源调研活动中，桂林旅游学院充分认识大学生作为主体的重要地位，突出理论学习、资料收集的针对性，按照学生的研究兴趣，做好分组分工，并精心设计参观、考察等实践环节，调动同学们的自我参与意识，最大限度地发挥了实践教学的最佳效果。同时，学校从本区、本校的实际情况出发，充分挖掘和利用桂林丰富的红色文化资源，积极发挥红色文化的价值整合功能和社会导向功能，通过“请进来和走出去”的方式，把红色文化引进大学校园和大学生的日常生活，营造浓厚的“红色文化氛围”，对提升思想政治工作的实效性起到了积极的作用。

"追寻革命遗迹，坚定理想信念，争做青年先锋"——红色主题团课

一、活动背景

团课是团组织对团员进行思想政治教育和团的基本知识教育的主要形式，是提高团员思想理论水平和政治素质的有效途径之一。红色文化是大学生思想政治教育的重要组成部分，将红色文化具体运用到主题团课教育中，以团员青年寻革命遗迹、讲历史故事、说英雄人物的形式，探索运用青年学生喜闻乐见、生动形象的话语开展主题团课分享，增强主题团课的吸引力和实效性。

二、活动目的意义

为进一步创新团课教育的新方式方法，以贴近青年心理、符合青年需求，青年乐于接受的方式，桂林旅游学院近年来，尝试利用桂林丰富的红色文化资源，在引导、带领"青马"学员于2016、2017年暑假期间，对桂林周边红色旅游资源进行了较为系统的走访调研的基础上，精心策划将红色文化融入主题团课中，在团员青年中唱响"传承红色文化"主旋律，能够进一步坚定大学生理想信念、突出思想教育的针对性、实效性。

三、活动实施过程

从桂林叠彩区，行至象山区、七星区，到灌阳、兴安、灵川等，将自己的所见所闻，摄制成像，并以学习笔记的形式对调研所涉及的桂林红色旅游资源进行了详细记录。在前期“青马”学员对桂林红色旅游资源进行了较为系统的寻访调研基础上，各调研小组进一步查阅历史资料、研究讨论，形成交流材料，并配合调研材料的影像资料等，制作成交流 PPT，面向全校团员青年开展以“追寻革命遗迹，弘扬红色精神”“青马学员寻遗迹，红色精神永传承”为主题的红色主题微团课、红色故事分享会等学习宣传活动。

团课交流分享会上，同学分别上台分享了暑期参加调研的成果及感受，他们分别对桂林的红色遗迹、抗战救国志士的壮烈故事、重要抗战阵地及历史故事进行了展示、分享，学员们纷纷表示，爱国是一种精神也是一种情怀，青年一代应树立传承意识，让红色火焰一直燃烧下去。指导老师周述忠教授也跟大家分享了部分学员的调研笔记，他认为，开展红色旅游文化资源实地调研工作意义重大，应大力发掘红色旅游文化的价值和教育功能，他说道，“历史是最好的教科书，历史告诉我们中国共产党 90 多年来走过的历程是泪水与汗水写就的，应该要让文物遗产和文字活起来。我们应该要不忘初心，继续前进”。分享会中间还穿插了红色知识问答及红色主题诗歌朗诵，同学们积极参与，了解和掌握了更多红色文化知识，会场气氛热烈而庄重。

四、活动经验成效

红色主题团课、红色故事分享会，以青年团员讲爱国故事的微分享形式进行，进一步宣扬了桂林红色旅游资源，引导青年团员更加珍惜今天的幸福生活，胸怀理想，传承先烈遗志、明确责任担当、努力练就本领、争做青年先锋，引起了广大团员的共鸣。

第六篇 06

论文成果

基于“红色旅游”信息系统的人机互动教学方式研究

邓　然

摘要：随着信息化技术的普及应用，旅游院校红色旅游现有教学模式相对传统。本文阐述了基于 Web Service、LBS（Location Based Service，基于位置服务）等技术的“红色旅游”信息系统，拟应用于旅游院校专题教学，形成“现实和虚拟相结合、红色与现代相结合、体验和讲授相结合”的人机互动教学方式。

关键词：“红色旅游”信息系统；人机互动；教学方式

一、红色旅游传统教学方式

种种因素导致红色旅游教学模式较为单一，传统的红色旅游教学方式，一般可分为课堂教学方式和实践教学方式。

课堂教学的方式多为教师使用多媒体讲解相关红色精神、红色文化等，对于了解不多的学生而言在课堂中被动地接受传输红色思想。

实践教学方式，许多高校红色文化教学更多地依托红色文化资源，由校党团等组织学生课外实践。

二、现有红色旅游教学方式存在的问题

1. 课堂教学千篇一律，内容枯燥

而学生类型多样，内在的文化素养和知识水平存在很大差异。因此，讲解缺乏针对性，淡化了红色文化精髓。

2. 红色教育模式缺乏体验性、互动性

导致对红色文化知之甚少的青少年通过传统的方式，无法深刻领悟红色文化精髓。

3. 实践教学环节向青少年展示历史文化的方式相对单一

多以简单文图展示、橱窗文物陈列、单一说教讲解为主，表现方式落后，展示内容不够形象生动，讲解内容不够充分，难以深入人心。

三、红色旅游信息系统运用及红色旅游教学模式建立

红色旅游信息系统衍生于旅游信息系统，专门针对红色旅游资源开发的旅游信息系统。拟在教学过程中通过人机互动模拟红色旅游整个过程实现教学任务和目标。

1. 系统介绍根据红色旅游的特征

运用“天地图井冈山”示范应用中的“红色旅游”信息系统解决现有红色旅游教学模式存在的弊端。

该系统建立涉及两个核心（红色旅游资源数据和基于 LBS 的实时旅游地理数据），四项关键技术（红色旅游资源数字化、多源多时态的基础地理数据与红色旅游资源数据及集成、动态旅游信息实时获取、多源多时态的旅游服务信息集成、系统构建）。

2. 系统功能

（1）LBS 服务功能

该信息系统基于 LBS 技术提供基于位置的定位服务、信息查询服务、导航服务、SoLoMo 概念下的社交服务与基于机会网络数据传输方式的游客间互动服务等。LBS 服务系统采用多层的分布式网络应用模型，按应用逻辑划分为表现层移动终端、中间层通信网络、应用服务层和数据层。通过 LBS 服务，可以准确地了解自己所处位置，从更直观的角度来观察。便于使用者灵活安排红色旅游路线，不局限于景区提供的导览图，课堂中在没有导览图的情况下也能很好地和景区“互动”。实践教学过程中通过人机互动让学生印象深刻。

（2）旅游信息查询功能

旅游信息查询功能，该功能可进行景点查询、酒店查询、餐饮查询、商业购物查询、井冈山天气、自然环境、文物、民俗风情、历史文化等自然社会信息查询。

景点信息查询包括对景点的地理位置描述、文字、图片、音频、视频、名称、开放时间、票价以及乘车信息的查询。配套基础设施查询如酒店宾馆、美食娱乐、商业购物等旅游服务设施的查询。配套基础查询使用标准的 WebService 方式构建基于旅游服务设施信息数据库的查询、定位服务。在课堂和实践教学环节中运用新颖的查询方式让学生主动了解红色旅游景区全方位信息。

（3）电子地图

针对景区设计的电子地图，相比传统印刷地图具有实时更新性。支持矢量图和影像图的同比例尺寸切换。通用电子地图操作提供常用的 GIS 地图操作功能，包括显示全图、直接放大、直接缩小、拉框放大、拉框缩小地图漫游、测量距离、测量面积、清除高亮显示等。井冈山借助其特有的地形成为“中国革命的摇篮”和“中华人民共和国的奠基石”，名扬四方。因此，此项功能在教学环节中让同学们以更直观的角度来观察红色景区。

（4）旅游信息分享功能

旅游信息分享运用电子地图通过地名的图上标绘，在地图上标注自己关心的旅游信息，同时可对标绘的属性结构进行定义，标记属性一般包括名称、描述和照片等信息。通过“第五媒体”（即微博、论坛、QQ、微信等）分享信息。旅游者通过分享信息，“温故而知新”，让青少年对红色文化有深刻的体验，旅程结束后回味无穷。通过该功能实现体验与服务相结合的人机交互服务模式。

（5）路径分析功能

路径分析功能可建立网络模型、空间数据拓扑分析、几何网络构建和最优路径选择。提供最短路径分析服务、最短耗时网络分析和有障碍物的时间最少的最佳路径分析服务。基于城市道路数据，通过设置起点和终点的坐标，且可以根据给不同类型路段不同的权值，用 Dijkstra 算法（最短路径算法）方法计算出最短路径，将结果返回给用户。在教学过程中运用该项功能基于路径分析实现旅游线路的设计优化。

（6）360 全景展示

该功能模块主要显示主要街道、酒店宾馆、餐饮休闲、商业购物、旅游景点等 360°全景信息（包括文字说明、音频解说和视频介绍），并交互式操作和查询功能。

通过全景中嵌入的文字及音频解说，规范景区导游解说水平参差不齐的问题，针对不同类型的学生运用风格不一的导游解说词，让同学们在使用过程中身心愉悦，印象深刻，很好地解决了现有红色旅游讲解及展示方式单一片面的弊端。

四、结束语

针对当前红色旅游产业的发展现状、行业需求、未来趋势及现有教学方式下存在的弊端，运用“红色旅游”信息系统，拟开展井冈山红色旅游典型示范应用人机互动教学，形成“现实和虚拟相结合、红色与现代相结合、体验和讲授相结合”的旅游服务教学新方式。

参考文献

[1] 龙芬芳. 试析我国红色旅游的发展 [J]. 知识经济，2010 (19).

[2] 2011 - 2015 年全国红色旅游发展规划纲要 [Z].

[3] 胡新礼. 电子地图系统在旅游业的应用——以吉林市为例 [A]. 地图学与 GIS 学术讨论会论文集 [C].

[4] 蒋德军，等. 潭红色景区旅游产品开发研究 [J]. 艺海，2010 (8)

浅析西南地区地方普通本科院校 95 后学生红色文化认知现状与对策——以桂林高校师生的实证调查为例

陈邦瑜　麻名佳

摘要：文章以问卷调查和访谈为基础，对桂林市几所高校 95 后红色文化认知的现状进行了调查，受访者有学生也有教师。调查选取的调查对象基本符合西南地区普通本科院校师生的特点。学生和教师对问题的反馈反映了目前地方本科院校 95 后红色文化认知的淡薄和不容乐观的现状。基于此，文章从教学、课程设置、党团活动及顶层设计等方面提出了对策和建议，并对旅游类高校如何加强旅游红色文化教育提出思考。

关键词：西南；地方本科高校；95 后学生；红色文化；现状；对策

本文缘起于课题组对部分高校学生的红色文化认知的缺失和红色旅游景区经营现状不乐观的现实而进行的反思，文章通过对桂林市五所高校（广西师范大学、桂林电子科技大学、桂林理工大学、桂林旅游学院和桂林航空工业学院）学生进行抽样调查，希望如实地掌握西南地区地方本科院校 95 后学生对红色文化认知的现状，并尝试对此类高校提出红色文化教育的建议和对策。

一、调查问卷的设置与研究方法

课题组立足于桂林抗战文化和桂林红色旅游资源，以桂林市 5 所高校学生和教师为对象进行抽样调查，共发放学生问卷 400 份，教师问卷 100 份；回收学生问卷 388 份，教师问卷 97 份；师生问卷的回收比例均为 97%。学生问卷主要对学生的政治面貌、历史知识储备、业余生活、影视剧喜好、红色旅游经历、对红色文化及红色文化教育重要性的认知以及对红色旅游景区建设的建议等议题而展开；教师问卷在学生问卷基础上增加了教师的岗位、教师的历史知识储备、教师业余时间安排、对学生红色文化认知现状的认识、教师参与红色文化教育的工作量及效果、教师对今后红色教育的建议等。经统计，问卷所调查人群的基本特征基本符合西南地区本科高校师生的特点，具有很强的代表性和真实性，因此问卷的统计结果很大程度上也是西南地区普通本科高校的典型案例（详见表 6—1）。在实际调查过程中，调研小组分组，注意师范类和理工科类学校的师生搭配，通过问卷调查、面对面访谈和组织座谈会等形式，完成调查环节。通过对学生问卷和教师问卷进行统计和梳理分析，问卷显示的结果将有助于我们进一步了解地方本科高校学生红色文化认知的现状以及造成这种现状的主要原因，从中可以推断出高校红色教育现状及红色旅游景区经营现状，这为在此基础上提出对策与建议提供了便利。

二、95 后高校学生红色文化认知的现状及其原因

关于目前西南地区普通本科高校 95 后学生红色文化认知的现状，通过抽样调查我们可以推断：绝大部分 95 后学生的红色文化认知是很薄弱的，对红色文化的重要性以及对红色旅游景区存在的价值及认知都比较欠缺，侧面反映了高校红色文化教育的相对滞后和任务的艰巨性。具体推断

过程如下。

（一）被调查者中文理科学生比例约为55.3%和44.7%，其中94.2%不是中国共产党党员，在非党员中有约38.4%的学生对加入中国共产党表示了愿望（关于其希望入党动机，尚未调查）。这说明一些学生缺乏积极要求上进加入党组织、为人民服务的理想信念。随着社会的发展和市场经济的不断深化，越来越多的年轻人的政治意识淡薄，观念和生活目标多元化，加入党组织已经不是一部分年轻人奋斗的首要目标，这种观念意识也反映了这些学生的红色文化认知的淡薄。

（二）当学生被问及对晚清腐败无能的历史、洋务运动、戊戌变法、孙中山领导的资产阶级民主革命历史的了解程度时，包含文科生在内的学生，仅有不到10%的学生回答“很了解”，回答“一般了解”的学生也只占32.7%，约50.6%的学生回答“略知一二”，还有近10%的学生回答“不太了解”。他们对“中国共产党开展的28年的艰苦卓绝的斗争历史了解程度”的回答和对前者的回答基本相似，更有甚者，在受访者中有约25%的学生对什么是红色文化根本不清楚，约有47%的学生对红色文化的具体所指似懂非懂，仅约31.5%的学生对红色文化的意义清楚且肯定。由此可见，中国近现代历史知识的缺乏是导致红色文化认知薄弱的重要原因之一。众所周知，晚清政府的腐败无能和无数能人志士救国探索的失败都证明了中国共产党的成立为中国的革命和建设带来了希望。如果对中国近代饱受屈辱和欺凌的历史以及旧民主主义革命时期无数次救亡图存的斗争历史不了解，那么就很难对中国共产党以及为中国的解放和繁荣而抛头颅洒热血的无数革命先烈怀有感恩之情，红色文化认知自然也就淡薄无余。在调查中，有82.3%的学生反映中小学学习阶段是其获得“红色文化”的主要来源，这一方面给高校的两课教育提出了较高要求，也反映了一直还在受高考指挥棒指挥的我国高中历史知识普及教育做得不够，不仅理科生对历史了解不深，文科生也存在明显差距，这自然对高校推行两课教育和红色文化教育提出了巨大挑战。

（三）当学生被问及红色文化与个人生活的关联时，约90.2%以上的学生回答没有关系；约60%以上的学生对抗战老兵、革命先烈持有感激之情；还有约20%的学生对此不以为意、漠不关心；约50%的学生只去过1~3个红色旅游景区；85%的学生喜欢观看古装剧、国外影视、宫廷剧、爱情片、动漫、科幻片、励志片等非红色影视剧（抗日或谍战片等）；还有绝大部分的学生业余活动都在从事交友、谈恋爱、兼职、网络、社团活动、旅游等和历史文化毫无关联的业余生活，仅15.4%的学生去图书馆学习，当然也未必会接触红色文化方面的书籍。这些说明，红色革命文化和学生的学习生活越来越远，或许红色文化仅存在于影视、书籍和政治课课堂，在没有被动的活动安排和课堂学习的情况下，学生们并没有主动的态度去了解红色文化知识，红色革命文化基本不是学生生活的一部分，是很容易被遗忘的。令人欣慰的是，受访的学生有80.2%的学生认为政府、社会和学校要重视红色文化教育，要不定期开展常规教育，警醒后人不要忘记革命先烈的先进事迹。这一点说明了尽管红色文化与学生们的生活并不是息息相关，但学生们对历史的尊重还是值得欣慰的。因此，在此基础上，统计显示有75.5%的学生都认可高校应该开展多种多样的红色文化活动，比如加强课题学习、举行红色文艺活动、组织外出考察红色旅游景点、举办专题讲座、举办红色展览等。

（四）在受访的教职员工中，有学生管理人员、专职教师和行政人员，从他们的问卷统计来看：82.3%的老师发现新生代学生的红色文化认知淡薄；58.7%的老师对于中国近现代史的历史知识掌握不够；85.9%的教职员工没有机会或者很少面对面对学生进行红色文化意识教育；74.7%的老师认为对学生进行红色教育的效果不理想；90.4%的老师业余时间并未涉及红色文化知识的学习和积累。这说明在高校专业化教学的引导下，思想政治教育成了专职辅导员、带班班主任或两课教师的专业工作，其他老师并没有主动参与红色文化教育的意识，也没有主动学习的意识，高校的红色文化教育仅局限于两课、辅导员和学生工作的党务干部，这是明显不够的。此外，大部分教师都对定期开展红色文化教育持肯定态度，并期望政府、学校能够采取各种各样的形式开展红色文化教育，活跃校园文化，促进学生道德品质和文化素质的全面进步。

（五）根据受访的学生和教师反馈的信息，不管是学生还是教师都认为虽然红色旅游景区是一个宣传红色文化、再现红色历史的旅游景点，但并不符合现代年轻人和都市人旅游休闲的需求。85.6%的受访者不喜欢红色旅游景区的主要原因是旅游景点单调，讲解不能激发旅游者的兴趣；红色景区和其他旅游景点的线路难设计；政治气氛浓、严肃，不适合旅游休闲；没有其他娱乐放松的项目，甚至还有不少受访者认为红色旅游景区应该免费或者票价不合理。他们建议应该适当提高红色旅游景区的多功能性和现代化功能，要在性价比、娱乐实施等多方面赶超传统的旅游休闲度假区，才会吸引年轻游客。由于红色旅游景区具有独特的教育功能，政府应积极促进红色旅游景区进一步贴近教育，使红色旅游景区成为高校红色文化教育必需的教育基地。

三、西南地区地方本科高校红色文化认知教育的建议与对策

地方本科高校担负着教育、科研和服务社会三大功能，为促进地方经济建设和维护地方、行业稳定发展起到积极的推动作用。通过上文对桂林市普通本科院校学生红色文化认知的调查问卷的解析，我们可以看出，由于地方普通本科院校生源参差不齐，学生的思想政治素质不整齐，整体水平也相对落后。因此，加强此类高校的红色文化意识教育，推动人文社会

科学学科及思想政治教育在此类高校的发展将有利于地方各行各业人才素质的提升，间接推动地方经济发展，促进少数民族地区的政治稳定和社会和谐。为此，根据此次调查，课题组以桂林市作代表，对西南地区普通本科高校红色文化认知教育的建议有如下几点建议。

（一）建议高校增加中国近现代史课程或者把“两课”中“中国革命与发展史”作为小班教学的必修课来开设，设置考试环节。虽然这种方式带有一定的约束性，但可以通过传统的教学与考试相结合的方法促使学生主动学习中国近现代史。适当的考试环节对于增加学生的历史知识，促进红色文化意识的推广和传播是很有必要的。

（二）建议高校团委和学生管理部门经常性举办红色文化知识竞赛、专题讲座和文艺活动，在简约办会的原则上开展红色文化校园活动，使红色文化意识时常出现在学生的日常生活中。此外，党组织和团组织活动要经常开展一些以红色文化为出题的社会活动，鼓励红色故事、红色歌曲、红色诗歌在活动中传播传唱；积极开展入党积极分子培训班，增加红色文化课程到党课、团课的学习中，促进红色文化知识的普及。除了辅导员、兼职班主任和党务工作者等学生工作管理人员以外，提倡所有的教职员工加强政治修养建设，主动学习红色文化知识，在工作中形成引导学生养成红色文化意识的习惯，促进学生树立牢固的红色文化意识。

（三）高校作为“95 后”年轻人的聚集区，应该充分发挥自身优势，宣传红色文化知识，使学生形成浓厚的红色文化学习兴趣。高校可以与红色旅游景区加强合作，不定期地将学生带到不同的红色旅游景点参观考察，聘请不同的旅游景区或展览馆来校展览，聘请历史专家来校授课，对全体学生集中开展红色文化普及性活动和社会实践性活动。各式各样的红色文艺节目、红色系列活动，使高校对学生红色文化教育机制化、常态化。旅游景区在推广红色旅游资源的活动上应该学会创新，采取不同的演艺和展现形式吸引年轻学生和游客参观景区，旅游景区可以成为高校普及红色旅游知识的合作者和先行者。

（四）高校的对外窗口部门应该多与社会各界联系，经常性地组织学生参与各类红色文化纪念性活动，高校既可以为活动提供志愿实践性服务，又可以从中普及学生红色文化知识。高校应该鼓励学生自主参与红色公益活动，用物质、精神或学分奖励的形式，鼓励学生创造优秀的红色文化文学、艺术作品和科技成果，鼓励学生将红色文化推广至社会，并为学生推广红色文化扫清障碍。此外，高校不仅要加强教师队伍的红色文化意识教育和建设，还要在图书、史料、资料等教学资源方面为学生提供便利，促进学生在红色文化作品、成果方面的开发。

（五）高校教育的主管部门作为高校教育的指导者，应该从顶层设计，针对高校思想政治课和历史课教育适当调整教学安排，增加学生对历史知识的涉猎。同时，如个别高校“两课”教师队伍及“两课”教育不能满足红色文化教育所需，适当给予此类高校自主权，鼓励其整合教学资源，发挥全体教师的教学能力，在不同的课程适当穿插红色文化教育内容，为“两课”教育做补充。同时，高校也应要求或引导学生家庭加强学生的红色文化教育，通过家庭、学校和社会多重途径营造一个正面积极的红色文化教育氛围。课题组通过此次的调研分析，一致认为以桂林市高校为典型代表的西南地区地方普通高校在校学生红色文化认知观念比较淡薄，历史文化知识储备仍有较大的提升空间；红色旅游景区因自身政治性特点受到了不少年轻人的排斥，其在自身的经营理念和营销模式上也有改善空间；地方普通本科高校的思想政治与道德教育工作仍任重道远，学生党建与团建工作仍须进一步加强；高校基层党组织建设仍然是高校党建工作的重中之重，尤其是像在桂林旅游学院这样与旅游行业结合紧密的特色高校，加强与红色旅游景区的密切合作，通过以高校自身思想政治教育与红色旅游景区实践教育相结合的方式来培养地方高校在校大学生的“红色文化”认知是一条既利于高校教育、学生身心健康，又利于红色景区建设的“双赢”之路，值得地方普通本科院校的借鉴与推广。

表6—1　调查对象的人口社会学特征（单位：人、%）

性别比			民族比			城乡比			地域比		
男	269	55.6	汉族	305	62.9	城镇	78	36.8	中东地区	139	28.8
女	216	44.4	少数民族	180	37.1	农村	07	63.2	西部	346	71.2

参考文献：

[1] 孙和平．四川红色文化资源开发与利用研究［M］．成都：四川大学出版社，2010：140 - 141.

[2] 龙翠芳．“90后”新生代对红色文化社会认同的实证研究［J］遵义师范学院学报，2015，(10)：79.

利用红色旅游推进大学生社会主义核心价值观教育
——以桂林旅游学院为视角

秦晓晶

摘要：红色旅游创新了大学生社会主义核心价值观教育的载体，丰富了教育内容和形式，对于加强大学生社会主义核心价值观教育非常重要。本文从红色旅游与大学生社会主义核心价值观教育的关系入手，分析了红色旅游在大学生社会主义核心价值观教育中的价值，力图从更加全面、更加新颖的角度探讨红色旅游中大学生社会主义核心价值观教育的实现途径。

关键词：红色旅游；大学生；社会主义核心价值观教育

一、红色旅游在大学生社会主义核心价值观教育中的重要价值

（一）政治价值

红色旅游本身含有丰富的革命故事、红色印记、革命历史和事迹等内涵和精神，而以红色旅游为载体开展社会主义核心价值观教育，可以把红色旅游理论与实践相结合，寓教于乐，更易于学生接受和吸收。同时，开发红色旅游服务项目，也可以促进当地的经济发展，达到精神效益与物质效益相统一，在发展红色旅游过程中，既让学生在实践中耳濡目染，将理论化为实际，又推动了当地社会主义核心价值观教育建设，使红色旅游文

化成为老百姓口口相传的经典资源。

（二）教育价值

红色旅游是开展社会主义核心价值观教育的新载体、新平台，红色旅游文化中孕育的红色精神是一种改造主观世界和客观世界的重要力量，是世界观、人生观、价值观的基础，成为培育人们世界观、人生观、价值观的精神动力和教育素材。红色旅游中诞生的井冈山精神、苏区精神、长征精神、延安精神，具有无限延伸的生命力，并且随着时代的发展，不断地被赋予新的内容，成为一代又一代人传承和发扬爱国主义精神的动力，这些都蕴含着丰富的教育价值。

（三）文化价值

在红色旅游中红色文化与生态景观、历史遗迹相融合，民族传承与民族文化由此形成，并成为宝贵的红色文化资源的基础。红色旅游就是建立在红色文化景观资源基础上的一种精神文化产品，在红色旅游实践过程中，红色文化与当地的民族文化、民族风情相结合，突出当地的历史文化传承。红色文化是中国革命文化的体现，其牺牲忘我、奋斗不息的精神也是中华传统精神的延续，深深打上了地域文化的烙印，同时也丰富了红色旅游的文化内涵。

二、红色旅游在大学生社会主义核心价值观教育中的实现路径

（一）开展“红色旅游文化”教育活动

旅游院校可以利用专业特色服务地方，发展红色旅游文化，比如利用导游专业、旅游管理专业等开展红色旅游文化定位、红色旅游线路设计、红色旅游景点讲解及导游服务等；可以组织大学生参观博物馆、纪念馆、展览馆、革命烈士陵墓文化遗址等，以加强学生对红色革命精神的认同，提升其自身文化素养；组织学生参观爱国主义教育基地，以激发大学生的

爱国热情，加强对大学生的爱国主义教育；积极组织学生成立“红色旅游文化宣讲团”，到基层、社区、学校“红色旅游文化教育基地”开展红色旅游文化宣讲活动。

（二）把红色资源融入高校思想政治理论课教育教学

红色资源是我们中华民族宝贵的财富，应该加强思想政治理论课教师队伍的建设，把红色道路、红色资源、红色文化作为课程建设中的组成部分，纳入思想政治理论课教学体系，加强校园文化建设，营造良好的红色文化范围。将革命故事、英烈事迹等红色文化资源编入大学生党课，通过进课本、进课堂，为推荐红色旅游文化奠定扎实的基础。同时，校园是学生成长和发展的环境，加强校园物质文化建设和精神文明建设，可专门成立一个红色文化网站，结合大学生的特点，组织开展形式多样，内容丰富的红色文化活动，同时大力支持党团支部的发展，促进红色文化的传承，促进大学生主动将自身价值观同红色文化相结合，提高其自主学习性。

（三）发挥党团组织和学生社团的作用

充分发挥党团组织和学生社团在大学生社会主义核心价值观教育中的重要作用，如利用每月的团日活动在各团支部开展红色旅游景点志愿服务活动，开展“建好一批红色班级”活动，利用专业特色开展红色旅游景点讲解、红色旅游路线设计、红色旅游景点导游、红色文化馆设计等志愿服务活动，并可根据各红色旅游景点实际情况开展调研工作，撰写调查报告，给出适合当地红色旅游的建议和意见，促进当地红色旅游的发展，在服务红色旅游的过程中践行社会主义核心价值观。

（四）通过校园网络、微博、微信等新媒体宣传红色旅游文化

利用新媒体平台传播红色旅游文化。网络新媒体是开展红色旅游文化的有生力量，是传播先进文化、弘扬社会正气的有效途径。一方面以“红色旅游故事”“红色旅游线路”等话题，定期发送红色旅游文化的宣传内

容，在师生中践行红色旅游的典型事迹和榜样，让红色旅游文化在网络空间中无处不在、无时不有，时刻影响、熏陶大学生；另一方面，学生干部通过微博、微信等交流工具，以学生喜闻乐见的网络语言与学生进行交流互动，有针对性地宣传红色旅游文化，深入引导青年学生热爱并积极参与到红色旅游中去，在红色旅游实践体验中接受社会主义核心价值观教育。

（五）开发红色旅游项目

旅游院校可以结合学校发展方向，结合当前“大众创业，万众创新”的新思潮，鼓励和引导大学生加入到项目的设计和经营中，成为项目主体，听取大学生对项目的意见和建议，采取讲红色故事、演红色戏剧、唱红色歌曲、看红色电影等方式，成立“小麦公社”“瑞斯卡形象传播中心”“乐维传媒”“尚美工作室”等创业创新项目，由专业精、能力强的学生党团员担任红色旅游创新示范项目负责人，带领同学组队立项，开展红色旅游创新实践，增强红色旅游的感染力和影响力，从而提高学生的创业热情和动手能力。

参考文献：

[1] 龚志宏．润物细无声——思想政治教育中的无意识教育研究［M］．郑州：河南大学出版社，2006：18.

[2] 胡振民．积极发展红色旅游深入开展爱国主义和革命传统教育［J］．思想政治工作研究，2015（4）：23.

[3] 石培华．发展红色旅游值得关注的几个问题［J］．学校党建与思想教育，2005（5）：5－6.

[4] 殷盈试．论红色旅游的教育功能［J］．广西青年干部学院学报 2012（3）：12.

跨文化视阈下导游词中广西红色旅游史料的英译策略

全　娜

摘要：针对导游人员翻译红色文化史料存在的问题，提出红色文化史料英译原则与策略。

关键词：跨文化；导游词；红色旅游史料；英译策略

广西是全国红色旅游重点地区之一，红色旅游资源丰富。在中国共产党领导下，中国人民走向胜利的各个历史时期，几乎都在广西留下了足迹：以邓小平领导的百色起义、龙州起义以及桂林红色文化等为标志，有一大批国家级和自治区级爱国主义教育基地和重点文物保护单位。但是真正到广西参加红色旅游的入境游客少之又少，这就要求导游人员在广西经典的“绿色”旅游（山水休闲游）、“蓝色”旅游（沿海休闲游）中，积极介绍红色旅游史料，从英语国家游客易接受的跨文化角度对红色旅游史料进行英译，以满足英语国家游客红色旅游文化需求。这样，可以带动境外游客更多地参与到广西红色旅游。

一、导游人员翻译红色文化史料存在的问题

（一）对红色文化史料知之甚少

导游人员学历一般从高中到本科不等，研究生学历较少。在学校学习

过程中，红色文化史料学习多为应试教育需要，存在知其然而不知其所以然的现象。而系统地整理和研究当地红色文化史料需要大量的时间和精力。

在日常工作和生活中，英语导游人员由于工作时间弹性大、工作强度大，工作之余缺乏主动学习的热情。带团时间短的导游，忙于熟悉景区景点常规导游词和带团业务操作；带团时间长的导游，倾向于研究中西文化中的显著差异，如何提高服务技能，或提高经济效益。长期如此，这就促使很多英语导游人员对于历史、政治敏感话题，以及红色文化史料的内容了解范围和深度有限。当入境游客提及相关问题时，他们往往采取回避或点到为止的态度。

（二）翻译失误

对红色文化的介绍首先要进行语言转换，导游人员首先需要熟悉两种语言，特别是一些词汇的发音、基本的语言结构和习惯用法。英语语言基本功不到位，发音带方言、重音不正确、语法不严谨、用词不准确等语言失误，会导致英语国家游客对红色文化史料在理解上的失误。

同时，由于没有自觉、主动学习等原因，没有积累中国特色红色文化词汇，导致中国式红色文化词汇翻译的文化缺失，不能准确地翻译内涵丰富的红色文化词汇。

二、红色文化史料英译原则与策略

（一）严肃、客观、准确的陈述

红色文化具有强烈的政治色彩，导游人员在翻译政治事件时，必须秉持对历史严肃的态度，认真查阅资料、规范翻译。严肃、客观、准确地陈述历史事件的信息，不仅可以满足游客的求知欲，还可以引起游客反对侵略战争、热爱和平、珍惜现在来之不易和平年代的共鸣。

例如，在游客经过市区中山北路时，导游人员可以有意识地介绍八路军桂林办事处纪念馆（Guilin Office of the Eight Route Army），纪念馆墙上三个名称就能很好地引起游客兴趣。即纪念馆大门挂着的叶剑英元帅 1983 年元月题写的“八路军桂林办事处纪念馆”以及“国民革命军第十八集团军办事处”两块牌子，还有大门墙上写着“万祥糟坊”四个大字。三者关系为：The Eighth Route Army，also known as the 18th Army Group of the National Revolutionary Army of the Republic of China，was group army under the command of the Chinese Communist Party，nominally with in the structure of the Chinese military headed by the Chinese Nationalist Party during the Second Sino－Japanese War. And “Wan xiang Distillery” is a good protection against Japanesearmies. 这样的引入，可以激发游客进一步去了解中国共产党领导下的桂林抗日文化救亡运动。

（二）对中国特有的“红色”术语进行必要的增加和删减

中国红色文化史料中含有大量具有中国特色的词汇，导游人员在进行翻译时，必须掌握革命事件发生的过程，事件发生的时代背景。这就要求导游人员在日常生活中，养成求真、求实的探索精神，大量阅读和分析红色文化史料，在理解中国特有的“红色”术语的文化背景后，对革命事件进行必要的增加或改写，帮助英语国家游客理解红色文化。

有时，英语国家游客在看到桂林漓江两岸农田，在阳朔乡间看到农民劳作时，在看到农户家家户户悬挂毛主席画像时，经常问到相关农民问题，如农民是否拥护中国共产党及土地政策等。导游人员在进行疑问解答的时候，应该从国情出发，从实际出发，肯定中国共产党在领导中国人民走向民族独立中的重要性，国家领导人在民族独立、发展道路上的指引作用。如，在回答邓小平同志在广西红色革命史中的突出贡献时，可介绍其领导的百色起义：1929 年 12 月 11 日，邓小平、张云逸、陈豪人、李明瑞、雷经天、韦拔群在广西百色举行起义，开始了中国共产党指导广西各族人民进行左右江地区“工农武装割据”革命。On Dec. 11th, 1929, Deng Xiaoping, Zhang Yunyi, Chen Haoren, Li Mingrui, Lei Jingtian and Wei Baqun led the famous Baise Uprightin Guang xi Zhuang Autonomous Region, which shows under the lead of the CPC, locale thnicminrorities launch the revolution of “an armed independent regime of workers and peasants” in Zuojiangand You jiang area. 对时间、地点、人物和事件进行准确翻译，体现红色文化史料的严肃性和客观性。其中，“famous”的增加，足以证明百色起义的重要性，“an armed independent regime of workers and peasants”突出了中国特色红色文化术语保持了中国化。

（三）研究并适度使用英语国家已有的史料

在中国红色文化发展期间，有很多国际友人参与其中，也有很多英语国家文献记载了这段历史。研究并适度使用英语国家已有的史料，在介绍红色文化时，可以更倾向于从英语国家价值观、思维方式和语言习惯进行翻译，从而更好地帮助英语国家游客了解中国红色文化，如共产国际机关刊物《共产国际》及《国际新闻通讯》的英、俄、法、德多种文版每期都发表文章和报道介绍中国抗日战争。

红色文化是中国近现代特色文化的代表，是中国文化很重要的一部分。提高导游人员对红色文化史料的认知有很多方法，政府可以着力建设红色文化史料场馆，进一步规范翻译用词；旅游局行政部门可以加强导游业务学习，请研究红色文化的专家讲座；导游人员要树立终身学习人生观，自觉提高个人语言技能和跨文化意识。在日常生活方面，导游人员可以通过浏览中国官方对外宣传的媒体（《中国日报》“China Daily”），积累中国特色的红色文化专有名词；通过参观广西重点建设的红色旅游经典景区（配有中英双注解说词），如百色起义纪念馆、龙州起义纪念馆等，学习广西红色文化史料的规范翻译和历史事件的来龙去脉。这样，能很好满足英语国家游客对中国红色文化的好奇心理，更好地宣传中国红色文化，让世界更加了解中国。

参考文献

[1] 朱希祥．中西旅游文化审美比较［M］．上海：华东师范大学出版社，1998

[2] 覃丽霞．广西百色红色旅游宣传资料翻译特点及理论［J］．开封教育学院学报，2015（2）

[3] 邓显奕，邓大飞．广西红色旅游区纪念场馆解说词翻译概述［J］．桂林师范高等专科学校学报，2008（6）

[4] 黄进，邹萍．现场导游［M］．南宁：广西科学技术出版社，2010

[5] 卢有霞．从跨文化交际角度看中国红色旅游解说词的英译问题［J］．重庆：重庆师范大学，2012

"红色资源"——延安精神在中国近现代史纲要教学中应用实例分析

康海宁

摘要：以延安精神为主题展开实践教学，是将红色资源引入中国近现代史纲要教学的实例运用，是高校在办学过程中始终坚持马克思主义的指导地位，始终坚持社会主义办学方向，始终坚持党的教育方针，培育和弘扬社会主义核心价值观，为实现中华民族伟大复兴的中国梦培养优秀人才的出发点和落脚点。从激动、感动的体验，到震动、撼动的思考，再到行动上的启示与实践，将延安精神真正融入理论，化为行动，弘扬主旋律，占领主阵地，引导师生牢固树立正确的世界观、人生观和价值观，不断提高师生的思想政治素质。

关键词：红色资源；延安精神；《中国近现代史纲要》；应用

红色资源就是我们伟大的中国共产党在新民主主义革命和社会主义现代化建设时期，在领导各族人民进行革命斗争和现代化建设实践中所形成的，能够为我们今天所开发并具有重要价值意义的各种精神及其物质载体的总和。中国近现代史纲要（以下简称"纲要"）是高校思想政治理论课的必修课之一，是开展大学生思想政治教育的坚实阵地。同时，将实践教学有效运用到纲要中，不仅让理论更具体，同时让教学更生动，既能调动学生的参与性、积极性，又能提高该课程的实践教学重要性、必要性和有效性。高校是我们党和国家意识形态工作的前沿阵地，新形势下的大学生思想政治工作，面临着许多新的机遇与挑战。有的高校老师在谈及大学生思想政治教育工作时，曾这样说道，老办法不管用，新办法不敢用，硬办法不顶用，软办法不好用。笔者认为，在我国社会转型创新发展中，如何做一名名副其实的大学生思想政治工作的教育者、实施者和管理者，可以从中国红色革命教育圣地延安汲取丰富的内涵资源，找寻答案。涓涓延河水，巍巍宝塔山，延安精神具有极强的感染力和教育意义。

一、延安革命历史使人激动

通过召开“延安时期思想政治教育的历史经验及其启示”专题报告会，参观延安革命历史纪念馆、枣园和杨家岭革命旧址，运用一幅幅珍贵的照片、一件件文物、一段段感人的故事，把学生的思绪拉回到了革命战争年代。可以让学生再次感受到我们党在延安时期那惊心动魄、艰苦卓绝的革命历程，深刻领略了延安精神和毛泽东、刘少奇、周恩来、朱德、任弼时等老一辈无产阶级革命家的为国为民、不屈不挠、艰苦奋斗的革命精神、高尚情操与卓越风采。延安革命历史纪念馆中陈列的大刀、长矛、土地雷和步炮，还有小米加步枪。当年的战火硝烟，当年的战火声，让学生们感受革命先辈为了中华人民共和国的建立而抛头颅、洒热血的浴血奋战的情景。

二、白求恩精神让人感动

师者可运用饱含深情的演讲，开展对毛主席撰写的《纪念白求恩》一文的学习，将白求恩同志平凡而伟大的一生完整地呈现在学生们眼前。白求恩，一位共产主义的战士，一位在医学界地位崇高的大夫，一位家境优越的加拿大人，义无反顾地投身于中国的反日本法西斯战争，这是一种气概，是一种信念。当他生命最后的时间里，仍不忘工作和传授自己最后的知识。这是一种无私奉献的精神，是一种追求梦想的执着。看看我们自己的学习，当我们遇到倦怠期时，当我们遇到困难时，我们的意志是否还坚定呢？如何具有“毫不利己专门利人的精神，对工作的极端的负责任，对人民对同志极端的热忱”，成为“一个高尚的人，一个纯粹的人，一个有道德的人，一个脱离了低级趣味的人，一个有益于人民的人”。

三、为人民服务使人震动

组织开展向张思德学习，研读《为人民服务》的精髓。毛主席的著作《为人民服务》一文中所提到的张思德同志，他在1933年参加红军，经历长征，负过伤，是一个忠实为人民服务的共产党员，1944年9月5日在陕北安塞县山中烧炭，因炭窑崩塌而牺牲。他是革命队伍中一位平凡的革命战士。但他在平凡的工作中，干出了不平凡的业绩，为人民的解放事业献出了宝贵的生命。为此，毛主席给予了他极高的评价，说“他的死是比泰山还要重的”。作为一名党员教师，笔者所从事的也是一种平凡的工作。向张思德同志学习，像张思德同志那样全心全意地为人民服务，就必须做到在政治上，忠诚于党的教育事业，始终与党中央保持高度一致；在业务上，深入钻研教育教学理论，做到理论联系实际；在教书育人的工作岗位上，坚持“以人为本”的人性化管理，保证不折不扣地完成各项教育教学任务；在为人民服务的过程中，做到吃苦在前，享受在后，勤勤恳恳，无私奉献，把毕生的精力献给党和人民的教育事业。作为一名教育战线新兵，需要在实践中不断摸索总结，把在教育教学中遇到的困难，向有经验的教师请教，虚心学习，努力提高自己的业务水平。在工作中时刻保持清醒的头脑，既要看到成绩，又要看到工作中的困难；既要顾及工作中所遇到的阻力，又要千方百计地去解决工作中的障碍。做一个让党和人民满意的、爱岗敬业的、尽职尽责的教师，为学校的发展贡献自己的一份力量。

四、《延安保育院》催人撼动

观看大型舞台剧《延安保育院》，全剧时长 80 分钟，以抗日战争到解放战争时期我们党为保育儿童而成立延安保育院过程中发生的可歌可泣的历史为主题，该剧依托大量经深度挖掘整理的第一手珍贵史料进行艺术再创作，通过歌舞、影像、声光电等元素和高科技手段，用当年延安保育院孩子的视角来演绎毛主席在延安 13 年的革命故事，集中展现了残酷战争环境中，在延安保育院里发生的真实而生动感人的故事。红色教育暖人心，革命精神照光明。时代的历史背景下，革命者不屈不挠，在艰苦危险的环境中仍不忘教育我们的下一代。这就是中国革命者的精神和品质。

五、"延安精神"激人行动

"延安精神"就是理论联系实际、创新马克思主义中国化的精神。我们党自建党始，就致力于马克思主义中国化的探索，而最早提出马克思主义中国化的是毛主席。1938 年 9 月在延安召开的党的六届六中全会上，毛主席讲马克思主义的中国化，使之在其每一表现中带着中国的特性。让学生步入社会，有了更多的认识和接触，增强了他们的社交能力，为大学生的全面发展和提高综合素质提供了机会和平台，为他们步入社会顺利创业、就业奠定了基础。

今天，我们以延安精神为案例以小见大，以局部见整体。通过开展红色旅游、组织红色调研、鉴赏红色经典来学习和利用更多的红色资源，将延安精神真正融入理论，化为行动，弘扬主旋律，占领主阵地，引导师生牢固树立正确的世界观、人生观和价值观，不断提高师生的思想政治素质。

参考文献：

［1］肖发生．定位与提升：“红色资源”的再认识［J］．井冈山学院学报，2009，(1)：20.

［2］田孔社，王婷．一座没有围墙的革命历史博物馆——山西武乡县紧急发展转型纪实［N］．中国改革报，2011－07－29